PARA APRENDER DIREITO

Direito Tributário

Marcos Antonio
Oliveira Fernandes
e Mauro Silva

Barros, Fischer & Associados

Dados Internacionais de Catalogação na Publicação (CIP)
(Câmara Brasileira do Livro, SP, Brasil)

Fernandes, Marcos Antonio Oliveira
Silva, Mauro José
Direito Tributário / Marcos Antonio Oliveira Fernandes, Mauro José Silva – São Paulo : Barros, Fischer & Associados, 2009. – (Para aprender Direito; 7)

Bibliografia.
ISBN 978-85-88749-77-1

1. Direito Tributário 2. Direito Tributário – Brasil I. Silva, Mauro José. II. Título

05-5442 CDU-34:336.2 (81)

Índice para catálogo sistemático:
1. Brasil : Direito Tributário 34:336.2 (81)

PARA APRENDER DIREITO

Direito Tributário

Marcos Antonio Oliveira Fernandes
e Mauro Silva

Barros, Fischer & Associados

Barros, Fischer & Associados

Editores
Flávio Barros Pinto
Ricardo A. Fischer

PARA APRENDER DIREITO
Direito Tributário

Direito Tributário faz parte da coleção *Para aprender Direito*, editada pela Barros, Fischer & Associados.

Edição
Andréa Barros

Projeto gráfico
Cláudio Scalzite e
Flávio Barros Pinto

Arte
Flávia Barros

Capa e Ilustração
Tide Hellmeister

Revisão
Marcia Menin e
Paulo Roberto Pompêo

Este livro é publicado pela editora Barros, Fischer & Associados Ltda., sob licença editorial dos autores. Copyright © 2012 Marcos Antonio de Oliveira Fernandes e Mauro José Silva. Todos os direitos desta edição reservados para Barros, Fischer & Associados Ltda.

Todos os direitos reservados. Nenhuma parte deste livro poderá ser reproduzida por fotocópia, microfilme, processo fotomecânico ou eletrônico sem permissão expressa dos editores.

1.ª EDIÇÃO
7.ª tiragem ♦ Fevereiro / 2012

Endereços
Barros, Fischer & Associados Ltda.
Rua Ulpiano, 86, Lapa, São Paulo
CEP 05050-020
Tel./fax: 0 (xx) 11 3675-0508

Distribuição e vendas
Bafisa, tel.: 0 (xx) 11 3675-0508
www.bafisa.com.br
contato@bafisa.com.br

Impressão e acabamento
RR Donnelley

Sobre os autores:
Marcos Antonio Oliveira Fernandes é advogado, procurador da Fazenda Nacional, mestre em Direito Político e Econômico pela Universidade Presbiteriana Mackenzie, professor universitário, professor e diretor do Instituto Exord.

Mauro José Silva é doutorando em Direito na Universidade São Paulo (USP), mestre em Direito Político e Econômico pela Universidade Presbiteriana Mackenzie, bacharel em Direito pela Universidade de São Paulo (USP), pós-graduado em Administração Contábil e Financeira pela Fundação Getúlio Vargas (FGV), engenheiro civil pela Universidade Federal do Espírito Santo (UFES) e auditor fiscal da Receita Federal.

VISITE NOSSO SITE
www.bafisa.com.br

SUMÁRIO

1 INTRODUÇÃO AO DIREITO TRIBUTÁRIO 7
Direito Tributário e Direito Financeiro 7
Tributo: definição e espécies 8
Em resumo 17
Preste atenção 18

2 FONTES DO DIREITO TRIBUTÁRIO 19
Fontes primárias 19
Fontes secundárias 23
Vigência, aplicação e interpretação da legislação tributária 24
Em resumo 28
Preste atenção 30

3 COMPETÊNCIA TRIBUTÁRIA E LIMITAÇÕES AO PODER DE TRIBUTAR 31
Competência tributária e poder de tributar 31
Limitações da competência tributária ou ao poder de tributar 37
Em resumo 51
Preste atenção 54

4 OBRIGAÇÃO TRIBUTÁRIA, SUJEITO ATIVO E SUJEITO PASSIVO 57
Obrigação tributária 57
Sujeito ativo – capacidade tributária ativa 60
Sujeito passivo 61
Em resumo 64
Preste atenção 65

5 RESPONSABILIDADE TRIBUTÁRIA 67
Espécies de responsabilidade tributária 67
Responsabilidade por infrações 74
Denúncia espontânea 75
Em resumo 77
Preste atenção 78

6 CRÉDITO TRIBUTÁRIO 79
Conceito 79
Constituição do crédito tributário – lançamento 79
Lançamento tributário 79
Suspensão da exigibilidade do crédito tributário 82
Extinção do crédito tributário 85
Exclusão do crédito tributário 92
Garantias e privilégios do crédito tributário 95
Em resumo 99
Preste atenção 102

7 IMPOSTOS EM ESPÉCIE 103
Impostos da União 103
Impostos dos Estados e do Distrito Federal 110
Impostos dos Municípios e do Distrito Federal 116
Em resumo 121
Preste atenção 123

ABREVIATURAS 125

REFERÊNCIAS BIBLIOGRÁFICAS 127

Introdução ao Direito Tributário

Direito Tributário e Direito Financeiro

Atividade financeira do Estado

O Estado desenvolve atividades políticas, econômicas, sociais, administrativas, financeiras e educacionais que têm por fim regular a vida humana em sociedade. Sua finalidade essencial é, portanto, a realização do bem comum com a satisfação das necessidades públicas.

Sabemos que os objetivos fundamentais do Estado brasileiro são (art. 3.º, CF):

I – constituir uma sociedade livre, justa e solidária;
II – garantir o desenvolvimento nacional;
III – erradicar a pobreza e a marginalização e reduzir desigualdades sociais e regionais;
IV – promover o bem de todos, sem preconceitos de origem, raça, sexo, cor, idade e quaisquer outras formas de discriminação.

Para alcançar tais objetivos, o Estado necessita de recursos financeiros que são obtidos por intermédio da atividade financeira, a qual é composta por:

1. **Receita** – Refere-se à entrada definitiva por meio dos recursos patrimoniais. Pode ser de dois tipos (Lei 4.320/64):
   a) **Originária** – Aquela auferida por meio da exploração dos bens e serviços públicos (ex.: doações, uso de bens públicos, bens vacantes, preço ou tarifa).
   b) **Derivada** – Aquela auferida por meio do poder de "império" ou poder coercitivo (ex.: tributos, penalidades e pena de perdimento).

2. **Gestão** – Corresponde à administração e conservação do patrimônio público.
3. **Despesa** – Consiste no emprego dos recursos patrimoniais para a realização dos fins visados pelo Estado.

Distinção entre Direito Financeiro e Direito Tributário

O Direito Financeiro tem por objetivo disciplinar o orçamento público, as receitas públicas – entre elas, a receita tributária – e as despesas públicas. Regula a atividade financeira do Estado, na qual a atividade tributária aparece como simples tópico. Portanto, é mais abrangente do que o Direito Tributário.

Para fins didáticos, o Direito Tributário é um ramo autônomo do Direito que tem por escopo a instituição, arrecadação e fiscalização dos tributos.

Luciano Amaro entende que "o Direito Tributário é a disciplina jurídica dos tributos, com o que se abrange todo o conjunto de princípios e normas reguladores da criação, fiscalização e arrecadação das prestações de natureza tributária" (*Direito Tributário brasileiro*, p. 2).

Não cabe ao Direito Tributário cuidar das despesas, da gestão nem das receitas originárias. Por isso, alguns autores chegam a dizer que o Direito Tributário começa no fato gerador e termina na guia de recolhimento do tributo.

Tributo: definição e espécies

Definição de tributo

Definimos o Direito Tributário como ramo autônomo do Direito que tem por escopo a instituição, arrecadação e fiscalização dos tributos. Mas o que vem a ser "tributo"?

O Estado, assim como as empresas, necessita gerar receitas para financiar suas despesas. Diferentemente das sociedades empresárias, o Estado pode partilhar esse ônus com todos os contribuintes, exigindo compulsoriamente uma prestação em dinheiro (pecuniária), a título de tributo. Nos Estados de direito, como o nosso, qualquer tributo só pode ser exigido nos termos previamente definidos em lei. Ou seja, o tributo é uma prestação pecuniária, ou em moeda, que deve ser exigida por lei, para o custeio das despesas coletivas.

O tributo resulta de uma exigência do Estado, cuja finalidade é financiar as despesas públicas, seja com guerra, com segurança interna ou com o bem-estar dos cidadãos. O juiz da Suprema Corte norte-americana Oliver Wendell Holmes Jr. chegava a dizer: "Gosto de pagar impostos, pois com eles compro civilização".

O Código Tributário Nacional (CTN) define tributo como "toda prestação pecuniária compulsória, em moeda ou cujo valor nela se possa exprimir, que não constitua sanção de ato ilícito, instituída em lei e cobrada mediante atividade administrativa plenamente vinculada" (art. 3.º, CTN).

Então, tributo é:
- prestação compulsória – de cumprimento obrigatório e não voluntário;
- prestação pecuniária – significa as prestações em dinheiro ou em moeda;
- prestação que não constitui sanção de ato ilícito – não configura punição pela prática de infrações;
- prestação instituída em lei – princípio da estrita legalidade. É necessário o consentimento dos cidadãos para que exista tributo, o que reflete a expressão *no taxation without representation*;
- prestação cobrada mediante atividade administrativa vinculada – a constituição do crédito tributário é realizada pelo lançamento tributário (ato administrativo), que é ato vinculado e não discricionário. Assim, a arrecadação é dever da autoridade, em face da indisponibilidade do tributo.

Tendo claros tais itens, conclui-se, por exemplo, que serviço militar obrigatório não é tributo, pois não é prestação pecuniária, assim como multa de trânsito não é tributo, pois é sanção de ato ilícito.

Pode-se entender tributo, na definição de Geraldo Ataliba, como "obrigação jurídica pecuniária, *ex lege*, que não se constitui em sanção de ato ilícito, cujo sujeito ativo é uma pessoa pública (ou delegado por lei desta), e cujo sujeito passivo é alguém nessa situação posto pela vontade da lei, obedecidos os desígnios constitucionais (explícitos ou implícitos)" (*Hipótese de incidência tributária*, p. 34) ou, na definição de Luciano Amaro, como "a prestação pecuniária não sancionatória de ato ilícito, instituída em lei e devida ao Estado ou a entidades não estatais de fins de interesse público" (*op. cit.*, p. 25).

Espécies de tributo

Há divergência doutrinária acerca da divisão dos tributos. Para fins didáticos, adotaremos a classificação quinquipartida oferecida pela Constituição Federal, que separa os tributos em cinco categorias: imposto, taxa, contribuição de melhoria, empréstimos compulsórios e contribuições especiais.

O *nomem iuris* (nome ou designação) do tributo é irrelevante para caracterizá-lo. Para detectar a natureza jurídica de um tributo, deve ser feita a análise de seu fato gerador (hipótese de incidência ou critério material da regra-matriz de incidência tributária), pois ele revelará a espécie tributária. A base de cálculo, que é uma dimensão do fato gerador, ajuda a confirmar a espécie do tributo. Logo, analisando o fato gerador e a base de cálculo do tributo, chega-se a sua natureza jurídica.

Convém notar, contudo, que as contribuições especiais e o empréstimo compulsório não se caracterizam somente por seu fato gerador e sua base de cálculo, mas sobretudo e precipuamente por sua finalidade, que se exterioriza pela atividade estatal desenvolvida e que se conecta, indiretamente, com o sujeito passivo. Nesse caso, seria traço característico das contribuições especiais e do empréstimo compulsório que o produto de sua arrecadação fosse destinado à atividade estatal, que é seu pressuposto. A determinação do artigo 4.º do CTN deve, então, ser vista com reservas no atual sistema tributário brasileiro.

IMPOSTO

É o tributo cuja obrigação tem por fato gerador uma situação independente de qualquer atividade estatal específica, relativa ao contribuinte (art. 16, CTN). Por essa razão, os impostos são chamados de tributos não vinculados, uma vez que não estão atrelados a nenhuma ação estatal.

Os impostos distinguem-se entre si pelos respectivos fatos geradores e bases de cálculo (ex.: ser proprietário de imóvel urbano; auferir renda; realizar operações de seguro; importar produtos estrangeiros).

Sua arrecadação não tem, em regra, uma destinação específica. Prestam-se ao financiamento das atividades gerais do Estado. Como exceção, pode haver vinculação da receita de impostos para a saúde pública, para a manutenção e desenvolvimento do ensino, para a realização de atividades da administração tributária e para oferecer garantias de débitos para com a União (art. 167, IV, CF).

Por seu turno, a arrecadação dos impostos extraordinários tem destinação específica, qual seja, o motivo que ensejou sua instituição: guerra ou sua iminência (art. 154, II, CF).

TAXA

Pode ser definida como uma prestação pecuniária exigida pelo Estado, em virtude de lei, pela realização de uma atividade que afeta diretamente o obrigado. É o tributo que tem como fato gerador o exercício regular do poder de polícia ou a utilização, efetiva ou potencial, de serviço público específico e divisível prestado ao contribuinte ou posto a sua disposição (art. 145, II, CF e art. 77, CTN).

As taxas incluem-se na categoria dos tributos vinculados a uma ação estatal, que nesse caso pode ser o exercício do poder de polícia ou a prestação de um serviço público específico e divisível.

Como pertencem à competência comum entre União, Estados, Distrito Federal e Municípios (art. 145, II, CF), para sabermos qual ente federativo pode instituir determinada taxa, devemos investigar suas atribuições constitucionais, ou seja, consultar os artigos 21 a 24 da Constituição e verificar se o serviço público ou o poder de polícia objeto da taxa está compreendido na competência constitucional do ente federativo.

As taxas não poderão ter base de cálculo própria de impostos (art. 145, § 2.º, CF), e sua arrecadação é destinada a custear o serviço público prestado ou a atividade de fiscalização exercida.
Existem dois tipos de taxa: de serviço público e de poder de polícia.

Taxas de serviço público
Um serviço público específico e divisível, efetivamente prestado ao contribuinte ou posto a sua disposição, pode ser fato gerador de uma taxa, desde que sua utilização seja compulsória. Serviço público específico é aquele que pode ser destacado em unidade autônoma de intervenção, de utilidade ou de necessidade públicas. Divisível será o serviço público que for suscetível de utilização, separadamente, por cada um de seus usuários (art. 79, CTN).

TAXA, TARIFA E PREÇO PÚBLICO
A taxa de serviço público não se confunde com a tarifa ou preço público. Enquanto a taxa é compulsória, remunera serviços públicos fundamentais prestados diretamente pelo Estado, a tarifa ou preço público não é espécie de tributo, pois é facultativa (ex.: serviço de telefonia).
Uma das características principais das taxas, e que as distingue das tarifas ou dos preços públicos, é a compulsoriedade, conforme estabelecido na Súmula 545 do STF. A facultatividade do serviço que caracteriza uma tarifa ou um preço público não pode ser baseada em opção que viole o ordenamento jurídico. Por exemplo: o serviço público de coleta de esgotos pode ser fato gerador de taxa, pois sua utilização é compulsória, uma vez que existe lei proibindo seja este despejado diretamente nos rios.
A distinção entre taxa e tarifa ou preço público é importante na medida em que as taxas estão submetidas ao regime jurídico tributário, portanto ficam sujeitas aos princípios constitucionais tributários. Assim, ao contrário da taxa, a fixação de tarifa ou preço público não depende de lei nem está submetida às limitações ao poder de tributar.

Taxas de poder de polícia
A taxa de poder de polícia tem como fato gerador o exercício regular do poder de polícia.
Poder de polícia é definido pelo CTN como a atividade da administração pública que, limitando ou disciplinando direito, interesse ou liberdade, regula a prática de ato ou abstenção de fato, em razão de interesse público concernente à segurança, à higiene, à ordem, aos costumes, à disciplina da produção e do mercado, ao exercício de atividades econômicas dependentes de concessão ou autorização do Poder Público, à tranquilidade pública ou ao respeito à propriedade e aos direitos individuais ou coletivos.

Regular é o exercício do poder de polícia quando desempenhado pelo órgão competente nos limites da lei aplicável, com observância do processo legal e, tratando-se de atividade que a lei tenha como discricionária, sem abuso ou desvio de poder (art. 78, CTN).

O valor cobrado pelo Município para emissão de licenças, autorizações e alvará são exemplos de taxa de poder de polícia (Amaro, Luciano, *op. cit.*, p. 33).

CONTRIBUIÇÃO DE MELHORIA

É o tributo que tem como fato gerador o acréscimo do valor do imóvel localizado nas áreas beneficiadas direta ou indiretamente por obras públicas (arts. 1.º, DL 195/67, e 81, CTN).

Trata-se de tributo de competência comum da União, dos Estados, do Distrito Federal e dos Municípios, estando vinculado a uma ação estatal: execução de obra pública que valorize a propriedade do indivíduo.

É importante frisar que o fato gerador não é a atuação estatal, mas sim a valorização imobiliária decorrente da obra pública. Por exemplo: a pavimentação de uma via pública não é fato gerador de taxa, mas a valorização imobiliária decorrente da pavimentação de uma via pública é fato gerador de contribuição de melhoria.

O ente federativo deve cumprir as exigências do artigo 82 do CTN, que, entre outros procedimentos, prevê a publicação prévia dos seguintes elementos: memorial descritivo do projeto; orçamento do custo da obra; determinação da parcela do custo da obra a ser financiada pela contribuição; delimitação da zona beneficiada; determinação do fator de absorção do benefício da valorização para toda a zona ou para cada uma das áreas diferenciadas nela contidas.

Não só por esse motivo deve a lei instituidora da contribuição de melhoria ser publicada anteriormente à execução da obra. A obediência ao princípio da irretroatividade exigiria a existência da lei instituidora antes da execução da obra ainda que o CTN não determinasse a publicação de editais prévios.

A cobrança só pode ser feita depois de concluída a obra, total ou parcialmente, de modo que a valorização já tenha ocorrido, e somente pode atingir o território do ente público responsável pela obra.

O valor dessa contribuição pago por cada contribuinte beneficiário da valorização imobiliária não pode ser superior ao acréscimo de valor do imóvel, nem o total das contribuições arrecadadas poderá ser superior ao custo da obra. Há, então, dois limites: um global – valor da obra – e outro individual – valor da valorização do imóvel. Existe, ainda, outro limite para o valor anual da contribuição de melhoria: 3% do valor venal do imóvel (art. 12, DL 195/67).

Sua arrecadação deve ser destinada exclusivamente para custear a obra pública empreendida.

EMPRÉSTIMOS COMPULSÓRIOS

A União poderá instituir, mediante lei complementar, empréstimos compulsórios (art. 148, CF):
a) para atender às despesas extraordinárias, decorrentes de calamidade pública, de guerra externa ou sua iminência;
b) no caso de investimento público de caráter urgente e de relevante interesse nacional.

Não existe a possibilidade de ser instituído empréstimo compulsório para absorção de poder aquisitivo, como já utilizado no passado no caso do bloqueio dos cruzados novos.

O legislador federal poderá escolher fato gerador vinculado a uma atuação estatal, bem como fato gerador não vinculado. Assim, os empréstimos compulsórios podem ter características similares a impostos ou a taxas, dependendo do fato gerador escolhido.

Em geral, a doutrina só aceita que os empréstimos compulsórios utilizem fatos geradores dentro da competência da União. No entanto, Sacha Calmon defende que, no caso do empréstimo compulsório para guerra, poderá ser utilizado fato gerador de impostos dos Estados, do Distrito Federal e dos Municípios, pois tal situação já é aceita em relação aos impostos extraordinários (Coelho, Sacha Calmon Navarro, *Curso de Direito Tributário brasileiro*, p. 144). Por exemplo: empréstimo compulsório sobre a venda de bens móveis e imóveis para financiar gastos com guerra (característica de imposto) ou empréstimo compulsório cujo fato gerador seja a expedição de passaporte (característica de taxa) para financiar gastos com guerra, calamidade ou investimento público.

É a única espécie tributária que não configura receita definitiva, vale dizer não é um ingresso definitivo aos cofres públicos, na medida em que é tributo restituível. Sua arrecadação destina-se a custear o "motivo" de sua instituição, isto é, despesas decorrentes de calamidade pública, despesas com guerra ou sua iminência ou para custear o investimento público de caráter urgente e relevante interesse nacional.

O chamado "empréstimo compulsório para emergências" tem como fato gerador a ocorrência de despesas extraordinárias, decorrentes dos seguintes eventos emergenciais: calamidade pública, guerra externa ou sua iminência. Não basta, portanto, somente a ocorrência dos referidos eventos; é necessária a caracterização das despesas extraordinárias. Vale ressaltar, outrossim, que as despesas extraordinárias decorrentes de convulsões sociais internas não podem ser fato gerador de empréstimo compulsório (Paulsen, Leandro, *Direito Tributário*, p. 132).

Não é exigido respeito à anterioridade, nem à regra geral, nem a qualquer regra especial (art. 150, § 1.º, CF) para o "empréstimo compulsório para emergências", mas sim para o empréstimo compulsório para investimento público de caráter urgente e de relevante interesse nacional (regra geral).

CONTRIBUIÇÕES ESPECIAIS

São tributos cuja característica marcante é a finalidade para a qual são criados.

Em regra, as contribuições especiais são de competência da União (art. 149, CF), salvo as contribuições sociais para financiamento da seguridade social destinada à previdência dos servidores públicos, cuja competência é comum entre todos os entes federativos (art. 149, § 1.º, CF) e as contribuições para o custeio do serviço de iluminação pública, cuja competência é dos Municípios e do Distrito Federal (art. 149-A, CF).

A Constituição Federal não estabelece quais seriam os fatos geradores dessas contribuições – salvo o caso das contribuições sociais para a seguridade social –, mas apenas a finalidade que devem alcançar. Em face disso, o legislador da União está autorizado a instituir contribuições com características similares a impostos e taxas para atender a uma das finalidades indicadas pelo constituinte.

A determinação constitucional de que as taxas não poderão ter base de cálculo própria dos impostos não existe expressamente para as contribuições. Não poderá, no entanto, a União escolher fato gerador ou base de cálculo que resulte em invasão da competência tributária dos Estados, do Distrito Federal ou dos Municípios para que não seja abalada a estrutura federativa. A União poderá, outrossim, escolher fato gerador ou base de cálculo de algum tributo de sua competência. Por exemplo: a Contribuição Social sobre o Lucro Líquido tem base de cálculo praticamente idêntica à do Imposto sobre a Renda.

Como visam a atingir certas finalidades, o produto de sua arrecadação deve estar vinculado ao custeio de uma atividade de competência federal.

As contribuições especiais subdividem-se em: contribuições sociais (gerais e para a seguridade social), Contribuição de Intervenção no Domínio Econômico (Cide), contribuições de interesse das categorias profissionais ou econômicas (corporativas) e Contribuição para o Custeio do Serviço de Iluminação Pública (Cosip).

Contribuições sociais

As contribuições sociais podem ser criadas para financiar atividades ligadas aos capítulos da Ordem Social (arts. 193 a 232, CF): seguridade social, educação, cultura, desporto, ciência e tecnologia, comunicação social, meio ambiente, família, criança, adolescente, idoso e índio.

A Constituição concedeu imunidade para as receitas decorrentes de exportação de todas as contribuições dessa subespécie (art. 149, § 2.º, I, CF). Suas alíquotas podem ser *ad valorem* (um percentual sobre a base de cálculo) ou específicas (um valor sobre unidade de medida).

Contribuições sociais gerais – As contribuições sociais gerais são instituídas para financiar atividades ligadas à ordem social, com exceção da seguridade social. O que deve ser destacado de seu regime jurídico tributário é a aplicação da regra geral da anterioridade. Exemplo de contribuição social geral é a contribuição ao salário-educação, conforme já decidiu o STF (ADC 3).

Contribuições sociais para a seguridade social – São tributos cujo produto da arrecadação é destinado à manutenção da seguridade social, sendo que esta compreende os direitos relativos à saúde, previdência e assistência social (art. 194, CF). Em face da destinação de receita, a seguridade social possui orçamento próprio, que não se confunde com o orçamento da União, ainda que algumas contribuições dessa espécie não sejam arrecadadas pelo Instituto Nacional do Seguro Social (INSS).

A Constituição tornou *numerus clausus* (lista fechada ou taxativa) a competência para instituir contribuições sociais para a seguridade social, determinando que podem ser cobradas contribuições sociais para a seguridade social (art. 195, CF):

I – do empregador, da empresa e da entidade a ela equiparada na forma da lei, incidente sobre:

a) a folha de salários e demais rendimentos do trabalho pagos ou creditados, a qualquer título, à pessoa física que lhe preste serviço;

b) a receita ou o faturamento;

c) o lucro;

II – do trabalhador e dos demais segurados da Previdência Social, não incidindo contribuição sobre aposentadoria e pensão concedidas pelo regime geral de previdência social;

III – sobre a receita de concursos de prognósticos;

IV – do importador de bens e serviços do exterior ou de quem a lei a ele equiparar.

Ressalte-se que a União possui competência residual também para tais contribuições, ou seja, poderá instituir outras contribuições para a seguridade social além daquelas previstas no artigo 195, incisos I a IV, desde que obedecidos os requisitos do artigo 154, inciso I, da Constituição: devem ser instituídas mediante lei complementar e ser não cumulativas (art. 195, § 4.º, CF). O impedimento à utilização de fato gerador e base de cálculo próprios dos impostos estabelecido pela Constituição não se aplica às contribuições residuais (RE 228.321/RS, STF).

Observe-se, especialmente, que a aplicação da regra nonagesimal da anterioridade é indicada para as contribuições sociais para a seguridade social e não para as contribuições sociais gerais (art. 195, § 6.º, CF).

A contribuição social para financiamento da seguridade social destinada a custear a previdência dos servidores públicos é de competência comum da União, dos Estados, do Distrito Federal e dos Municípios, com relação aos respectivos servidores públicos (art. 149, § 1.º, CF).

Contribuição de Intervenção no Domínio Econômico (Cide)
Como todas as contribuições especiais, sua característica marcante é a finalidade. Nesse caso, a finalidade é a intervenção sobre o domínio econômico, sendo domínio econômico a parcela da atividade econômica em que atuam agentes do setor privado, excluindo-se as atividades cobertas por serviço público.

Embora a Constituição tenha feito referência à intervenção *no* domínio econômico, tem-se como mais adequado falar em intervenção *sobre o* domínio econômico, uma vez que com esse tributo não haverá uma atuação direta do Estado nas atividades econômicas, e sim uma atuação, financiada pelos recursos da Cide, tendente a induzir comportamentos dos agentes privados.

São exemplos desse tipo de contribuição a Cide-remessas (ou *royalties*) e a Cide-petróleo.

Contribuições de interesse das categorias profissionais ou econômicas (corporativas)
Essas contribuições são o melhor exemplo de parafiscalidade, embora não sejam os únicos tributos nos quais ocorre esse fenômeno, pois isso pode ocorrer com o Imposto sobre a Propriedade Territorial Rural (ITR), segundo o disposto no artigo 153, § 4º, inciso III, CF.

São exemplos de contribuições corporativas: anuidade da OAB, CRM e CREA.

Contribuição para o Custeio do Serviço de Iluminação Pública (Cosip)
Essa contribuição é da competência dos Municípios e do Distrito Federal (art. 149-A, CF). Como as demais contribuições especiais, é exceção à isonomia tributária, devendo obedecer à legalidade, à irretroatividade e à regra geral da anterioridade.

> **EM RESUMO**

INTRODUÇÃO AO DIREITO TRIBUTÁRIO

Definição de Direito Tributário
Direito Tributário é um ramo autônomo do Direito que tem por escopo a instituição, arrecadação e fiscalização dos tributos.

Distinção entre Direito Tributário e Direito Financeiro
O Direito Financeiro tem por objetivo disciplinar o orçamento público, as receitas públicas – entre elas, a receita tributária – e as despesas públicas. O Direito Financeiro é mais abrangente do que o Direito Tributário.

Definição de tributo
Tributo é toda prestação pecuniária compulsória, em moeda ou cujo valor nela se possa exprimir, que não constitua sanção de ato ilícito, instituída em lei e cobrada mediante atividade administrativa plenamente vinculada.

Espécies de tributo
- **Imposto** – Tributo cuja obrigação tem por fato gerador uma situação independente de qualquer atividade estatal específica, relativa ao contribuinte. Sua arrecadação não tem, em regra, uma destinação específica.
- **Taxa** – Tributo que tem como fato gerador o exercício regular do poder de polícia ou a utilização, efetiva ou potencial, de serviço público específico e divisível prestado ao contribuinte.
- **Contribuição de melhoria** – Tributo cuja obrigação tem como fato gerador o acréscimo do valor do imóvel localizado nas áreas beneficiadas direta ou indiretamente por obras públicas.
- **Empréstimo compulsório** – Tributo restituível que pode ser instituído, por meio de lei complementar, para atender às despesas extraordinárias, decorrentes de calamidade pública, de guerra externa ou sua iminência, ou no caso de investimento público de caráter urgente e de relevante interesse nacional.
- **Contribuições especiais** – Têm como principal característica a finalidade para a qual são criadas. Subdividem-se em:
  - **Contribuições sociais gerais** – São instituídas para financiar atividades ligadas à ordem social, com exceção da seguridade social. Seguem a regra geral da anterioridade (ex.: contribuição ao salário-educação).

- **Contribuições sociais para a seguridade social** – São tributos cujo produto da arrecadação é destinado à manutenção da seguridade social, sendo que esta compreende os direitos relativos à saúde, previdência e assistência social. Seguem a anterioridade nonagesimal (ex.: CPMF).
- **Contribuição de Intervenção no Domínio Econômico (Cide)** – São contribuições cuja finalidade é intervir sobre a parcela da atividade econômica em que atuam os agentes privados (ex.: Cide-petróleo).
- **Contribuições de interesse das categorias profissionais ou econômicas (corporativas)** – A finalidade dessas contribuições é financiar atividades de interesse das categorias profissionais ou econômicas (ex.: contribuição à OAB).
- **Contribuição para o Custeio do Serviço de Iluminação Pública (Cosip)** – É da competência dos Municípios e do Distrito Federal e tem como finalidade o custeio do serviço de iluminação pública.

PRESTE ATENÇÃO

1. **Tributo não se reconhece pelo nome** – O *nomem iuris* (nome ou designação) do tributo é irrelevante para caracterizá-lo. Deve-se analisar o fato gerador e a base de cálculo do tributo para concluir qual sua natureza jurídica e, no caso das contribuições especiais e de empréstimos compulsórios, também sua finalidade.
2. **Prestação compulsória sancionatória não é tributo** – Uma sanção por ato ilícito não se constitui em tributo, embora seja pecuniária, compulsória e cobrada mediante atividade administrativa plenamente vinculada. O tributo deve obedecer a todos os requisitos do artigo 3.º do CTN.
3. **Diferença entre taxa de serviço público e tarifa** – Enquanto a taxa é compulsória e remunera serviços públicos fundamentais prestados diretamente pelo Estado, a tarifa ou preço público não é espécie de tributo, pois é facultativa.
4. **Competência tributária das contribuições especiais** – Em regra, é a União que detém a competência tributária das contribuições especiais. As exceções são a contribuição social para a seguridade social para financiar a previdência dos servidores públicos, que é de competência comum dos entes federativos, e a Cosip, que é de competência dos Municípios e do Distrito Federal.
5. **Competência residual para contribuições sociais para a seguridade social** – Além dos fatos geradores previstos expressamente no artigo 195 da Constituição, a União poderá criar contribuições dessa espécie sobre outros fatos geradores dentro de sua competência residual. Tais contribuições deverão ser instituídas por lei complementar e obedecer à não cumulatividade.

FONTES DO DIREITO TRIBUTÁRIO

A expressão "fontes do Direito" é utilizada para descrever os modos de formação das normas jurídicas, ou seja, sua entrada no sistema do ordenamento. É uma expressão com carga metafórica para exprimir o entendimento de que o direito emana de certos procedimentos específicos, como a água emana de sua fonte (Ferraz Júnior, Tércio Sampaio, *Introdução ao estudo do Direito*, p. 225).

Luciano Amaro entende que fontes são os "modos de expressão do Direito" (*op. cit.*, p. 161). Como no Direito Tributário vige o princípio da estrita legalidade, afirma-se que a lei (sentido amplo) é a fonte genuína, ou primária, desse ramo do Direito, resultando na impossibilidade, em regra, de as fontes derivadas, ou secundárias, instituírem, majorarem ou extinguirem tributos (art. 97, CTN).

Com objetivos didáticos, as fontes estão aqui divididas em primárias e secundárias. Primárias são as que passam pela apreciação do Poder Legislativo e secundárias as que são editadas pelo Poder Executivo.

Fontes primárias

Constituição Federal (CF)

É "a lei fundamental e suprema do Estado brasileiro. Toda autoridade só nela encontra fundamento e só ela confere poderes e competências governamentais. Nem o governo federal, nem os governos dos Estados, nem os dos Municípios ou do Distrito Federal são soberanos, porque todos são limitados, expressa ou implicitamente, pelas normas positivas daquela lei fundamental. Exercem suas atribuições nos termos nela estabelecidos. Por outro lado, todas as normas que integram a ordenação jurídica nacional só serão válidas se se conformarem com as normas da Constituição Federal" (Silva, José Afonso da, *Curso de Direito Constitucional positivo*, p. 48).

As normas constitucionais têm especial importância para o Direito Tributário, pois, entre outras funções, estabelecem as competências tributárias (poder de tributar) aos entes políticos (União, Estados, Distrito Federal e Municípios) e seus limites. É importante frisar que a CF não cria tributos, apenas confere competência para que os entes políticos instituam, por meio de lei, as exações tributárias.

É nela também que se encontram a regulação do processo produtivo de normas jurídico-tributárias (leis complementares, leis ordinárias, medidas provisórias, resoluções, etc.) e a definição da tarefa de cada tipo normativo no Sistema Tributário Nacional (Amaro, Luciano, *op. cit.*, p. 162).

Emendas constitucionais (ECs) – *Art. 60, CF*

Podem alterar, dentro dos limites estabelecidos pelo poder constituinte originário (art. 60, § 4.º, CF), princípios e regras reguladoras de todo o Sistema Tributário Nacional.

Tratados e convenções internacionais – *Art. 98, CTN*

Revogam ou modificam a legislação tributária interna, de maneira que as leis que lhes forem posteriores devem adequar-se a eles. Somente a União pode celebrar tratados e convenções internacionais, pois apenas ela possui soberania para ser reconhecida como sujeito do direito internacional público. Embora o texto da CF traga, no artigo 5.º, § 3.º, referência à expressão "tratados e convenções", sugerindo tratar-se de instrumentos distintos, a doutrina do direito internacional trata-os como sinônimos (Rezek, José Francisco, *Direito internacional público*, p. 14-7).

A EC 45/04 acrescentou o § 3.º ao artigo 5.º da CF, determinando que os tratados e convenções internacionais sobre direitos humanos que forem aprovados, em cada casa do Congresso Nacional, em dois turnos, por três quintos dos votos dos respectivos membros, serão equivalentes às emendas constitucionais.

Leis complementares (LCs) – *Art. 146, CF*

Possuem grande relevância para o Direito Tributário em razão das funções que lhes são atribuídas. Essa espécie legislativa é de competência do Congresso Nacional e, apesar de haver exigência de maioria absoluta (art. 69, CF: maioria dos componentes da Câmara dos Deputados e do Senado Federal) para aprovação de uma lei complementar e de apenas maioria simples (maioria dos presentes em cada casa legislativa no dia da votação) para lei ordinária, não há uma diferença de posição hierárquica entre lei complementar e lei ordinária, medida provisória ou lei delegada. A distinção entre tais normas localiza-se no conteúdo que a CF atribui como possível para ser validamente tratado por cada uma. Esse é o posicionamento do STF

(ADC 01/DF), mas existe jurisprudência do STJ admitindo hierarquia entre lei complementar e lei ordinária, medida provisória e lei delegada (RESP 495.722/SC, STJ). Como é o STF o intérprete máximo da Constituição, adotamos a posição do tribunal constitucional.

São funções da lei complementar em matéria tributária (arts. 146 e 146-A, CF):
a) dispor sobre conflitos de competência entre os entes federativos;
b) regular as limitações constitucionais ao poder de tributar (ex.: regular as imunidades);
c) dispor sobre normas gerais em matéria de legislação tributária;
d) dispor sobre o tratamento tributário do ato cooperativo praticado pelas sociedades cooperativas;
e) definir tratamento diferenciado e favorecido para as microempresas e para as empresas de pequeno porte;
f) estabelecer critérios especiais de tributação, com o objetivo de prevenir desequilíbrios da concorrência, sem prejuízo da competência da União de, por lei, estabelecer normas de igual objetivo.

Para os itens *a*, *b* e *c*, é o CTN que exerce a função de lei complementar. O CTN foi editado pela Lei 5.172/66, tendo surgido, à época, como lei ordinária. Depois do advento da Constituição de 1988, foi recepcionado (teoria da recepção) pela nova ordem constitucional como lei complementar e é reconhecido como tal desde então, só podendo ser alterado por lei complementar.

Especial atenção merece o item *c*, notadamente quanto à exigência de lei complementar para definir os fatos geradores, as bases de cálculo e os contribuintes dos impostos discriminados pela CF. Três diplomas legais exercem essa função: CTN (para a maioria dos impostos), LC 87/96 (para o ICMS) e LC 116/03 (para o ISS). Nesse mesmo item, engloba-se a exigência de a lei complementar definir tributo e suas espécies, tratar de obrigação, lançamento de crédito, prescrição e decadência tributários, função exercida pelo CTN.

A lei complementar, em regra, não cria tributos. Ressalvando-se as hipóteses do Imposto sobre Grandes Fortunas (art. 153, VII, CF), dos empréstimos compulsórios (art. 148, CF) e da competência residual da União (art. 154, I, CF), todos os demais tributos devem ser criados por lei ordinária, medida provisória ou lei delegada.

Além das hipóteses citadas, compete à lei complementar regular a instituição do ITCMD nas situações em que esteja envolvido algum elemento de estraneidade (elemento do exterior). Assim, nos casos de doador com domicílio ou residência no exterior e do *de cujus* (falecido) que possuía domicílio ou residência no exterior ou que teve seu inventário processado no exterior, será necessária a edição de lei complementar. Tal preceito pode ser compreendido como uma necessidade de o Congresso Nacional tratar de situações que possam ser objeto de bitributação internacional, a ser evitada com a celebração de acordos internacionais pela União ou com medidas internas unilaterais de validade nacional (art. 155, § 1.º, III, CF).

Leis ordinárias
São, em regra, o veículo normativo utilizado por cada ente federativo para instituir, aumentar ou extinguir os tributos de sua competência, exceto nos casos do Imposto sobre Grandes Fortunas, dos empréstimos compulsórios e da competência residual da União.

Leis delegadas – *Art. 68, CF*
São elaboradas pelo presidente da República sobre matérias específicas quando o Congresso Nacional assim autorizar. Essa espécie normativa pode ser usada para criar tributos, salvo no caso dos tributos que exigem sua criação por lei complementar, visto que a CF vedou expressamente a delegação em "matéria reservada à lei complementar" (art. 68, § 1.º, CF). Em razão da possibilidade de serem editadas medidas provisórias pelo presidente da República, é rara sua utilização.

Medidas provisórias (MPs) – *Art. 62, CF*
São editadas pelo presidente da República nos casos de urgência e de relevância e têm força de lei ordinária. Devem ser apreciadas em cada uma das casas do Congresso Nacional em 60 dias, prorrogáveis automaticamente uma única vez por mais 60 dias. Têm validade, portanto, pelo prazo máximo de 120 dias, sendo o projeto de conversão em lei considerado aprovado por maioria simples. Como têm força de lei ordinária, não servem para disciplinar matérias para as quais é exigida lei complementar (art. 62, § 1.º, III, CF).

Ressalte-se que medida provisória que implique instituição ou majoração de impostos, exceto aqueles que têm finalidade extrafiscal e o imposto extraordinário no caso de guerra, só produz efeitos depois de sua conversão em lei. Significa que o ponto de partida para a aplicação da anterioridade será a publicação do texto aprovado pelo Congresso Nacional (art. 62, § 2.º, CF).

Para os impostos com finalidade extrafiscal, exceto o IPI – portanto, para o II, IE e IOF –, a MP produz efeitos desde a data de sua edição (publicação). No caso do IPI, a partir da publicação da MP, iniciará a contagem do prazo de 90 dias para sua entrada em vigor (art. 150, III, "c", CF, combinado com art. 150, § 1.º).

Essa exceção é aplicável, em uma interpretação restritiva, apenas aos impostos e não às taxas, às contribuições de melhoria e às contribuições especiais. Ou seja, para tais espécies tributárias, a data de publicação da MP servirá como ponto de partida para a aplicação do princípio da anterioridade.

A lição de Hugo de Brito Machado é em sentido oposto. Para o autor, a norma do artigo 62, § 2.º, da CF é aplicável a todas as espécies de tributo (Machado, Hugo de Brito, *Curso de Direito Tributário*, p. 93-4). Ainda não há jurisprudência pacificada sobre o assunto.

Decretos legislativos – *Arts. 59, VI, e 49, I, CF*

São utilizados para disciplinar matérias privativas do Congresso Nacional, entre as quais os tratados e as convenções internacionais.

Resoluções do Senado Federal – *Art. 59, VII*

Estabelecem as alíquotas mínimas e máximas do ICMS nas operações internas e as alíquotas aplicáveis às operações e prestações interestaduais e de exportação (art. 155, § 2.º, IV e V, "a" e "b", CF). Fixam também as alíquotas máximas do ITCMD (art. 155, § 1.º, IV, CF) e as alíquotas mínimas do IPVA (art. 155, § 6.º, I, CF). Essas funções previstas para as resoluções do Senado Federal podem ser mais facilmente compreendidas quando lembramos que o Senado é reconhecido como a casa legislativa que representa os Estados da federação, daí suas resoluções tratarem de assuntos relativos ao ICMS, ao ITCMD e ao IPVA, tributos de competência estadual.

No caso do ICMS, há diversidade de regras para a iniciativa de tramitação da resolução e para sua aprovação. Em regra, para o ICMS, a iniciativa é de um terço do Senado e a aprovação necessita maioria absoluta. Entretanto, quando tratar de alíquota para operações de exportação, levando em conta o interesse nacional envolvido, o presidente da República também terá a iniciativa (art. 155, § 2.º, IV, CF). No caso de alíquota interna máxima, máximos serão os critérios, ou seja, iniciativa por maioria absoluta e aprovação por dois terços do Senado (art. 155, § 2.º, V, "b", CF).

Fontes secundárias

Decretos – *Art. 99, CTN*

São normas editadas pelo chefe do Poder Executivo para o cumprimento das leis tributárias. Os decretos não podem inovar a ordem jurídica para criar novas obrigações (art. 5.º, II, CF), mas apenas explicitar as leis, possibilitando sua aplicação (execução) pelos agentes administrativos.

O artigo 97, § 2.º, do CTN, corroborado pela Súmula 160 do STJ, permite que decreto do Poder Executivo reajuste base de cálculo de imposto, desde que tal reajuste não ultrapasse o índice de correção monetária oficial. Esse permissivo tem relevância, em especial, para o IPTU e para o IPVA, devendo ser estudado em conjunto com o conteúdo do princípio da anterioridade nos termos do artigo 150, § 1.º, da CF.

A data para pagamento de tributo é, em regra, de 30 dias após a notificação do sujeito passivo, mas pode ser alterada por decreto (art. 160, CTN, combinado com art. 97) ou outro ato normativo infralegal, não se submetendo a alteração ao princípio da anterioridade.

Normas complementares – *Art. 100, CTN*

Têm como objetivo explicitar as leis, os tratados e convenções internacionais e os decretos, não podendo, dessa forma, inovar o sistema jurídico. São os atos normativos, decisões dos órgãos singulares ou coletivos de jurisdição administrativa, práticas reiteradas e convênios celebrados entre os poderes da federação. Havendo desconformidade entre uma norma complementar (ex.: portaria e instrução normativa) e a lei, a norma complementar será inválida, inconstitucional, por contrariar o princípio da legalidade.

As decisões dos órgãos singulares ou coletivos de jurisdição administrativa não possuem, de *per si*, força normativa. É necessário que a lei lhes atribua tal eficácia (art. 100, II, CTN). Na esfera federal, por exemplo, não existe referida lei, o que deixa as decisões das Delegacias de Julgamento e do Conselho de Contribuintes (órgãos julgadores dos tributos administrados pela Secretaria da Receita Federal do Brasil) sem força normativa.

A observância de norma complementar exclui a imposição de penalidades, a cobrança de juros de mora e a atualização monetária da base de cálculo do tributo (art. 100, parágrafo único, CTN). Tal norma advém do princípio da segurança jurídica e serve como importante instrumento na defesa do contribuinte em casos nos quais a administração tributária edite ato normativo que leve o contribuinte a pagar tributo a menor e, posteriormente, tal ato normativo seja modificado. Em tais situações, portanto, o contribuinte só pagará o tributo e não poderá sofrer qualquer sanção.

Vigência, aplicação e interpretação da legislação tributária

Significado da expressão "legislação tributária"

A legislação tributária compreende as leis, os tratados e as convenções internacionais, os decretos e as normas complementares que versem, no todo ou em parte, sobre tributos e relações jurídicas a eles pertinentes (art. 96, CTN).

Dessa forma, a legislação tributária, da ótica dos tipos de norma que inclui, é mais abrangente que a lei. O princípio da legalidade, no entanto, só se realiza por meio da lei e não de todos os componentes da expressão "legislação tributária".

Vigência da legislação tributária

Verificar a vigência da legislação é verificar se está apta a ser aplicada ao caso.

As disposições que determinam a vigência das regras jurídicas em geral contidas na Lei de Introdução ao Código Civil (LICC), desde a edição da Lei 12.376/10, chamada de Lei de Introdução às Normas do Direito Brasileiro (LINDB), e na LC 95/98 são aplicáveis à legislação tributária, salvo nos casos excepcionados pelo CTN (art. 101).

VIGÊNCIA NO ESPAÇO

Entre os entes federativos, a regra é a territorialidade, ou seja, a norma vigora nos limites do território do ente respectivo. Se celebrado convênio entre os entes federativos ou se existente previsão em lei complementar de normas gerais, poderá ser reconhecida a extraterritorialidade da norma (art. 102, CTN).

No caso de leis estrangeiras, a regra é que não se admite sua aplicação em nosso país.

VIGÊNCIA NO TEMPO

A regra geral é que o período entre a publicação da lei e sua entrada em vigor é denominado *vacatio legis* (vacância da lei). O artigo 8.º da LC 95/98 determinou que deve existir tal período para possibilitar o amplo conhecimento da norma, havendo expressa referência a esse período ou à entrada imediata em vigor.

No Direito Tributário, a *vacatio legis* está relacionada ao princípio da anterioridade no caso de leis que instituam ou majorem tributos. Porém, salvo disposição em contrário, os outros componentes da legislação tributária possuem período de vacância específicos, entrando em vigor (art. 103, CTN):
- os atos administrativos, na data de sua publicação;
- as decisões com eficácia normativa, 30 dias após sua publicação;
- os convênios, na data neles prevista.

A aplicação da legislação tributária no tempo (retroatividade e irretroatividade) é tratada no tópico "Princípio da irretroatividade" (p. 40).

Interpretação da legislação tributária

Estudada pela hermenêutica (ciência da interpretação), a interpretação (ou exegese) consiste em buscar o sentido e o alcance da norma jurídica.

INTERPRETAÇÃO LITERAL, LÓGICA, SISTEMÁTICA, HISTÓRICA E TELEOLÓGICA

Luciano Amaro assim define e harmoniza os diversos tipos de interpretação: "O intérprete deve partir do exame do texto legal, perquirindo o sentido das palavras utilizadas pelo legislador (na chamada interpretação literal ou gramatical); cumpre-lhe, porém, buscar uma inteligência do texto que não descambe para o absurdo, ou seja, deve preocupar-se com dar à norma sentido lógico (interpretação lógica), que a harmonize com o sistema normativo em que ela se insere (interpretação sistemática), socorrendo-se da análise das circunstâncias históricas que cercaram a edição da lei (interpretação histórica), sem descurar das finalidades que a lei visa (interpretação finalística ou teleológica)" (*op. cit.*, p. 204).

INTERPRETAÇÃO EXTENSIVA, RESTRITIVA E ESTRITA

Dependendo do resultado da interpretação, esta pode ser denominada extensiva, restritiva ou estrita. Será extensiva se o aplicador houver ampliado o alcance da norma e restritiva quando o intérprete reduzir seu alcance. A interpretação estrita é aquela que se atém ao texto da lei, sem ampliar ou restringir o alcance.

O CTN exige interpretação literal (estrita) para os seguintes casos (art. 111, CTN):
- suspensão ou exclusão do crédito tributário;
- outorga de isenção;
- dispensa do cumprimento de obrigações tributárias acessórias.

INTERPRETAÇÃO *IN DUBIO PRO REO* OU BENIGNA (INFRAÇÕES)

A lei tributária que define infrações ou lhe comina penalidades é interpretada da maneira mais favorável ao acusado, em caso de dúvida quanto (art. 112, CTN):
- à capitulação legal do fato;
- à natureza ou às circunstâncias materiais do fato, ou à natureza ou extensão de seus efeitos;
- à autoria, imputabilidade, ou punibilidade;
- à natureza da penalidade aplicável ou a sua graduação.

INTERPRETAÇÃO DE INSTITUTOS, CONCEITOS E FORMAS DE DIREITO PRIVADO

A lei tributária não pode alterar a definição, o conteúdo e o alcance de institutos, conceitos e formas de direito privado utilizados, expressa ou implicitamente, pela Constituição Federal, pelas Constituições dos Estados ou pelas Leis Orgânicas do Distrito Federal ou dos Municípios para definir ou limitar competências tributárias (art. 110, CTN). Conceitos do direito privado como folha de salários, faturamento, mercadoria, produto e transmissão de imóveis são usados no Direito Tributário e devem ser interpretados considerando seu conteúdo original.

Integração da legislação tributária

A integração é o processo pelo qual o intérprete preenche as omissões ou lacunas da lei, uma vez que o ordenamento jurídico não pode possuir lacunas.

O CTN determina que deve ter a seguinte ordem de utilização das técnicas para proceder à integração: analogia, princípios gerais de Direito Tributário, princípios gerais de direito público e equidade (art. 108, CTN).

ANALOGIA

A analogia é a aplicação a determinado caso de uma norma legal que é no geral aplicada a casos semelhantes. É de aplicação restrita no Direito Tributário, uma vez que dela não pode resultar exigência de tributo não previsto em lei (art. 108, § 1.º, CTN).

PRINCÍPIOS GERAIS DE DIREITO TRIBUTÁRIO

Os princípios de Direito Tributário são tratados no tópico "Limitações da competência tributária ou ao poder de tributar" (p. 37). Ressalte-se que não devem ser considerados somente nos casos de integração; seus conteúdos têm de permear todas as atividades de interpretação do Direito Tributário.

PRINCÍPIOS GERAIS DE DIREITO PÚBLICO

Entre os princípios gerais de Direito Público, encontram-se: o princípio federativo, o princípio republicano, o princípio da indisponibilidade do interesse público, a segurança jurídica, a ampla defesa e o devido processo legal (Amaro, Luciano, *op. cit.*, p. 210).

EQUIDADE

É o ajuste da lei ao caso concreto, podendo esta ter suavizado seus efeitos, sem resultar na dispensa de pagamento de tributo devido (art. 108, § 2.º, CTN).

A expressa referência à impossibilidade de dispensa de tributo devido permite concluir que da aplicação da equidade pode resultar a dispensa de penalidade pecuniária se a análise do caso concreto assim recomendar.

Em Resumo

FONTES DO DIREITO TRIBUTÁRIO

Por que "fonte do Direito"?
"Fonte do Direito" é uma expressão com carga metafórica para exprimir o entendimento de que o Direito emana de certos procedimentos específicos, como a água emana de sua fonte.

Fontes primárias do Direito Tributário
Fontes primárias do Direito Tributário são aquelas que foram submetidas à apreciação do Poder Legislativo, quais sejam: Constituição Federal, emendas constitucionais, tratados e convenções internacionais, leis complementares, leis ordinárias, leis delegadas, medidas provisórias, decretos legislativos e resoluções do Senado Federal.

- **Leis complementares** – Devem ser aprovadas por maioria absoluta em cada uma das casas do Congresso Nacional. Suas principais funções para o Direito Tributário são:
  a) dispor sobre conflitos de competência entre os entes federativos;
  b) regular as limitações constitucionais ao poder de tributar (ex.: regular as imunidades);
  c) dispor sobre normas gerais em matéria de legislação tributária;
  d) dispor sobre o tratamento tributário do ato cooperativo praticado pelas sociedades cooperativas;
  e) definir tratamento diferenciado e favorecido para as microempresas e para as empresas de pequeno porte;
  f) estabelecer critérios especiais de tributação, com o objetivo de prevenir desequilíbrios da concorrência, sem prejuízo da competência da União de, por lei, estabelecer normas de igual objetivo.
- **Medidas provisórias** – São editadas pelo presidente da República e têm força de lei desde sua edição até 120 dias. No caso de medidas provisórias que instituam ou majorem impostos com finalidades arrecadatórias (fiscais), o ponto inicial para análise da anterioridade é sua conversão em lei.
- **Resoluções do Senado Federal** – São utilizadas para estabelecer as alíquotas mínimas e máximas do ICMS nas operações internas; as alíquotas aplicáveis às operações e prestações interestaduais e de exportação do mesmo imposto; as alíquotas máximas do ITCMD; e as alíquotas mínimas do IPVA.

Fontes secundárias

Fontes secundárias do Direito Tributário são aquelas emitidas pelo Poder Executivo, compostas por: decretos e normas complementares (portarias, instruções normativas, decisões de órgãos singulares ou coletivos de jurisdição administrativa).

Legislação tributária

Legislação tributária compreende as leis, os tratados e convenções internacionais, os decretos e as normas complementares que versem, no todo ou em parte, sobre tributos e relações jurídicas a eles pertinentes.

- **Vigência da legislação tributária no espaço** – A legislação tributária vigora nos limites do território do ente federativo respectivo. Leis estrangeiras, em regra, não são aplicáveis em nosso país.
- **Vigência da legislação tributária no tempo** – As leis tributárias que instituam ou majorem tributos devem obedecer ao princípio da anterioridade. Salvo disposição em contrário, entram em vigor:
  – os atos administrativos, na data de sua publicação;
  – as decisões com eficácia normativa, 30 dias após sua publicação;
  – os convênios, na data neles prevista.
- **Integração da legislação tributária** – A integração é o processo pelo qual o intérprete preenche as omissões ou lacunas da lei, uma vez que o ordenamento jurídico não pode possuir lacunas, devendo ter a seguinte ordem de utilização das técnicas para proceder à integração: analogia, princípios gerais de Direito Tributário, princípios gerais de Direito Público e equidade.

Preste Atenção

1. **Constituição Federal e criação de tributos** – A Constituição Federal não cria tributos, mas confere competência para que o ente federativo o faça, se assim decidir.
2. **Decisões de órgãos coletivos ou singulares** – As decisões de órgãos coletivos ou singulares de jurisdição administrativa só possuem força normativa como normas complementares se a lei assim o determinar.
3. **Lei complementar e lei ordinária** – Não existe hierarquia entre lei complementar, lei ordinária, lei delegada e medida provisória. No entanto, deve ser observada a exigência constitucional de que alguns assuntos só sejam tratados por lei complementar. Em regra, é a lei ordinária (lei ordinária, medida provisória e lei delegada) que institui ou majora tributo.
4. **Decreto e base de cálculo do IPTU e IPVA** – Em regra, o decreto não pode majorar tributo, mas a alteração da base de cálculo até o limite da correção monetária oficial não é considerada majoração de tributo. Logo, a alteração da base de cálculo do IPTU e do IPVA pode ser feita por decreto até o limite do índice de correção monetária oficial.
5. **Prazo de pagamento de tributo** – A regra geral para o prazo de pagamento de tributo é de 30 dias, mas esse prazo pode ser alterado pelas fontes secundárias, ou seja, por decreto ou por norma complementar (portaria, instrução normativa), e a alteração não precisa obedecer à anterioridade.
6. **Sanções e observância das normas complementares** – A observância das normas complementares exclui a imposição de penalidades, a cobrança de juros de mora e a atualização monetária da base de cálculo do tributo.
7. **Interpretação literal ou estrita** – O CTN exige interpretação literal (estrita) para os seguintes casos: suspensão do crédito tributário; outorga de isenção e anistia; e dispensa do cumprimento de obrigações tributárias acessórias.
8. **Analogia e equidade** – A aplicação da analogia não pode resultar em cobrança de tributo indevido, bem como a aplicação da equidade não pode resultar em dispensa de pagamento de tributo devido.

COMPETÊNCIA TRIBUTÁRIA E LIMITAÇÕES AO PODER DE TRIBUTAR

Competência tributária e poder de tributar

O legislador constitucional equiparou as expressões "competência tributária" e "poder de tributar", tratando esses dois fenômenos como sinônimos.

Definição de competência tributária

Na lição de Roque Antonio Carrazza, "competência tributária é a aptidão para criar, *in abstracto*, tributos. No Brasil, por injunção do princípio da legalidade, os tributos são criados, *in abstracto*, por meio de lei (art. 150, I, CF), que deve descrever todos os elementos essenciais da norma jurídica tributária. Consideram-se elementos essenciais da norma jurídica tributária os que, de algum modo, influem [...] no *quantum* do tributo, a saber: a hipótese de incidência do tributo, seu sujeito ativo, seu sujeito passivo, sua base de cálculo e sua alíquota. Esses elementos essenciais só podem ser veiculados por meio de lei" (*Curso de Direito Constitucional Tributário*, p. 415).

Paulo de Barros Carvalho, por sua vez, conclui que "a competência tributária, em síntese, é uma das parcelas entre as prerrogativas legiferantes de que são portadoras as pessoas políticas, consubstanciada na possibilidade de legislar para a produção de normas jurídicas sobre tributos" (*Curso de Direito Tributário*, p. 212).

Enfim, a competência tributária é a aptidão inerente à União, aos Estados, ao Distrito Federal e aos Municípios para criar, modificar e extinguir tributos, mediante a expedição de lei.

A Constituição Federal consagrou o princípio do federalismo, delimitando e dividindo entre os entes políticos (União, Estados, Distrito Federal e Municípios) o poder de tributar. "A Federação, a rigor, é um grande sistema de repartição de competências. E essa repartição de competências é que dá substância à descentralização em unidades autônomas" (Almeida, Fernanda Dias de, *Competências na Constituição de 1988*, p. 32). Logo, a delimitação da competência tributária entre as pessoas políticas é um reclamo impostergável dos princípios federativos e da autonomia municipal e distrital. Só assim estará garantido o equilíbrio entre a União, os Estados, o Distrito Federal e os Municípios.

Como está assegurado em nosso ordenamento jurídico o princípio da legalidade, os tributos só podem ser criados por meio de lei. Assim, pode-se dizer que o exercício da competência tributária apresenta-se como uma das manifestações da competência legislativa. Por essa razão, conclui-se que a competência tributária implica, necessariamente, a competência para legislar.

A CF não cria efetivamente tributos; apenas outorga competência tributária para as pessoas políticas, ou seja, confere à União, aos Estados, ao Distrito Federal e aos Municípios a aptidão para criar, modificar e extinguir, por meio de lei, tributos. A discriminação das competências tributárias está disciplinada nos artigos 153 a 156 da CF.

Características da competência tributária

A competência apresenta as seguintes características: indelegabilidade, irrenunciabilidade, incaducabilidade, inalterabilidade, facultatividade e privatividade.

INDELEGABILIDADE

A competência tributária não é passível de delegação, visto que a CF, ao repartir as competências, o fez de maneira rígida e inflexível. Ao admitir a delegação de competência por lei, estar-se-ia aceitando indiretamente a alteração do texto constitucional por meio de normas infraconstitucionais. Diz Roque Antonio Carrazza: "A indelegabilidade reforça a noção de que a competência tributária não é patrimônio absoluto da pessoa política que a titulariza. Esta pode exercitá-la, ou seja, criar o tributo, mas não tem a total disponibilidade sobre ela" (*op. cit.*, p. 547).

IRRENUNCIABILIDADE

Assim como as pessoas políticas não podem delegar suas competências tributárias, também não podem renunciá-las, quer no todo, quer em parte. Como se trata de matéria de direito público, são indisponíveis. Isso significa que a competência tributária é irrenunciável, porque foi atribuída às pessoas políticas de forma originária pela Constituição Federal.

INCADUCABILIDADE

O não uso, ainda que por um tempo prolongado, da competência tributária pelo ente político não significa admitir sua caducidade, isto é, a pessoa política não deixa de ser competente para criar o tributo no momento em que desejar. Como a instituição de um tributo depende de critérios de conveniência política, o ente federativo pode deixar de instituí-lo durante determinado tempo e, mesmo assim, não perde sua competência tributária. O Poder Legislativo não pode ser impelido a legislar sobre matérias de sua competência, a pretexto de que delas se descuidou, durante certo lapso de tempo. É o que ocorre com a União e o Imposto sobre Grandes Fortunas (art. 153, VII, CF), que, até os dias atuais, ainda não foi instituído; no entanto, a União poderá um dia instituí-lo, utilizando-se, para tanto, de lei complementar.

INALTERABILIDADE

As pessoas políticas não podem ampliar suas competências tributárias. Somente emenda constitucional poderá realizar tal intento.

FACULTATIVIDADE

O ente federativo pode exercitar ou não sua competência tributária. Mais uma vez, é o caso do Imposto sobre Grandes Fortunas, pois a União não exerceu sua competência para instituí-lo. Existem também alguns Municípios que não instituíram o ISS.

PRIVATIVIDADE

As competências conferidas pela CF a determinado ente federativo implicam interdição, negação desse mesmo poder a outro ente federativo. Roque Antonio Carrazza conclui que "as normas constitucionais que discriminam as competências tributárias encerram um duplo comando: 1) habilitam a pessoa política contemplada – e somente ela – a criar, querendo, um dado tributo; e 2) proíbem as demais de virem a instituí-lo" (*op. cit.*, p. 431).

Espécies de competência tributária

Antes de analisarmos a classificação das espécies de competência tributária, vale lembrar as lições de Roque Antonio Carrazza: "Mas o que é classificar? Em exposição abreviada, classificar é o procedimento lógico de dividir um conjunto de seres (de objetos, de coisas) em categorias, segundo critérios preestabelecidos. As classificações objetivam acentuar as semelhanças e dessemelhanças entre diversos seres, de modo a facilitar a compreensão do assunto que estiver sendo examinado. Logo, as classificações são, em última análise, instrumentos de trabalho intelectual" (*op. cit.*, p. 437).

Tendo isso em mente, as espécies de competência tributária são classificadas em ordinária, especial e extraordinária.

COMPETÊNCIA ORDINÁRIA

Competência ordinária é aquela estabelecida no artigo 145 da CF com relação a impostos, taxas e contribuições de melhoria. Pode ser dividida em:

- **Competência ordinária privativa ou exclusiva** – É aquela atribuída com exclusividade a determinado ente político. Na CF, só há competência ordinária privativa para os impostos (arts. 153, 155 e 156). Por exemplo, cabe somente à União a criação do Imposto sobre a Renda; do mesmo modo, é exclusividade dos Estados e do Distrito Federal a criação do ICMS; e, finalmente, é de competência privativa do Município a instituição do IPTU. No caso de guerra externa ou sua iminência, a União poderá instituir impostos extraordinários, invadindo a competência privativa dos Estados, do Distrito Federal e dos Municípios. É a competência extraordinária da União que lhe garante o direito de instituir impostos que ordinariamente pertencem à competência de outros entes políticos (art. 154, II, CF).
- **Competência ordinária comum** – É aquela atribuída conjuntamente à União, aos Estados, ao Distrito Federal e aos Municípios no tocante à instituição de taxas e contribuições de melhoria. A CF não elenca quais são as taxas e as contribuições de melhoria que podem ser criadas pelos entes federativos; assim, será competente para instituí-las aquele que efetivamente prestar o serviço público, exercer o poder de polícia (taxa) ou realizar obra pública com valorização imobiliária (contribuição de melhoria).
- **Competência ordinária residual ou remanescente** – Todas as situações que não estejam compreendidas na competência privativa ou na competência comum dos entes políticos formam o campo da competência residual ou remanescente. A competência ordinária residual é atribuída à União e refere-se à instituição de impostos (art. 154, I, CF). Assim, é facultado à União, mediante lei complementar, criar outros impostos, desde que não sejam cumulativos nem tenham fato gerador ou base de cálculo próprios dos demais impostos previstos na CF. Do resultado da arrecadação de tais impostos, 20% devem ser repartidos com os Estados e Distrito Federal (art. 157, II, CF).

COMPETÊNCIA ESPECIAL

Competência especial é aquela relativa à criação das contribuições especiais dos artigos 149 e 149-A da CF. Pode ser dividida em:

- **Competência especial privativa ou exclusiva** – É a competência para criar contribuições especiais com exclusividade por determinado ente federativo. A União possui, em regra, competência especial privativa para a criação das contribuições previstas no *caput* do artigo 149 da

CF: contribuições sociais, de intervenção no domínio econômico e de interesse das categorias profissionais ou econômicas, como instrumento de sua atuação nas respectivas áreas; há uma exceção a essa regra de competência especial privativa, como veremos no próximo item. Os Municípios e o Distrito Federal possuem competência especial privativa para a criação da Cosip (art. 149-A, CF).

- **Competência especial comum** – É a competência para criar contribuições especiais atribuída conjuntamente a todos os entes públicos. O artigo 149 da CF traz, no § 1.º, uma exceção a seu *caput*: é de competência comum da União, dos Estados, do Distrito Federal e dos Municípios a instituição de contribuição, cobrada de seus servidores, para o custeio, em benefício destes, de regime previdenciário.
- **Competência especial residual** – A Constituição conferiu à União a competência residual para a instituição de novas contribuições sociais para a seguridade social (art. 195, § 4.º, CF). Significa dizer que, normalmente, contribuições sociais para a seguridade social só podem ser criadas com os fatos geradores previstos no artigo 195, incisos I a IV, da CF. Contudo, a União poderá criar tal espécie de contribuição com outros fatos geradores utilizando-se da competência residual que o texto constitucional lhe conferiu, obedecido o disposto no artigo 154, inciso I, da CF. Portanto, as contribuições sociais para a seguridade social instituídas por meio da competência residual que possui a União devem ser criadas por lei complementar e ser não cumulativas. Quanto às limitações referentes ao fato gerador, à base de cálculo e à distribuição de receitas com os Estados, entende-se que, nessa parte, a norma do artigo 154, inciso I, da CF não se aplica ao caso das contribuições sociais para a seguridade social.

COMPETÊNCIA EXTRAORDINÁRIA

A competência extraordinária está ligada a um evento extraordinário relacionado com guerra externa ou investimento público. É a competência atribuída à União em relação aos empréstimos compulsórios e aos impostos extraordinários.

Distinção entre competência tributária e capacidade tributária ativa

É importante frisar que a competência tributária, que é indelegável, não se confunde com a capacidade tributária ativa, que é delegável. Ainda que o CTN tenha tratado esses dois institutos de forma similar nos artigos 7.º e 119, eles não se confundem. Uma coisa é a competência para legislar; outra é a capacidade para integrar a relação jurídica tributária no polo ativo, ou seja, ser o detentor do direito subjetivo de receber o tributo.

O estudo da competência tributária, além de ser anterior à existência do tributo, situa-se no plano constitucional. A capacidade tributária ativa, entretanto, será identificada na lei instituidora do tributo, observando-se quem é o sujeito ativo (credor), detentor do direito subjetivo de exigir o pagamento do tributo do sujeito passivo (devedor).

É perfeitamente possível que o ente federativo que detenha a competência tributária edite lei na qual indique outra entidade para compor o lado ativo da relação jurídico-tributária, resultando no fenômeno que se denomina parafiscalidade.

FISCALIDADE, PARAFISCALIDADE E EXTRAFISCALIDADE

Um tributo é essencialmente fiscal se os objetivos que levaram a sua instituição foram exclusivamente arrecadatórios. Nesse caso, ocorre a **fiscalidade**.

A **parafiscalidade** se dá quando a lei nomeia sujeito ativo que não coincide com o ente federativo que tem a competência tributária e a esse mesmo sujeito ativo atribui o produto da arrecadação. Podem ser sujeitos ativos dos tributos parafiscais as pessoas jurídicas de direito público e as entidades parafiscais que, embora sejam pessoas jurídicas de direito privado, desenvolvem atividades de interesse público. Isso significa que a norma do artigo 7.º do CTN foi alterada com a edição da Constituição de 1988. Por exemplo: contribuições de interesses das categorias profissionais ou econômicas, especialmente aquelas destinadas à fiscalização das profissões regulamentadas (contribuições ao CREA e à OAB).

A **extrafiscalidade** verifica-se quando a legislação tributária persegue finalidade diversa da arrecadação, embora o produto da arrecadação não seja descartado. Nesse caso, a norma tributária terá finalidade indutora do comportamento do sujeito passivo. Um exemplo de extrafiscalidade pode ser encontrado na utilização dos impostos aduaneiros (II e IE) como instrumentos de política econômica para incentivar ou desestimular o consumo de certos produtos. Os impostos extrafiscais mais conhecidos são o II, o IE, o IOF e o IPI, todos de competência da União. Isso não significa que outros tributos não possam ser utilizados com finalidade extrafiscal. A progressividade no tempo do IPTU, de competência do Município (art. 182, § 4.º, II, CF), é um exemplo de utilização de tributo normalmente fiscal com finalidade extrafiscal, qual seja, o aproveitamento da área urbana conforme o plano diretor do Município.

Conflitos de competência tributária

Cabe a lei complementar dispor sobre conflitos de competência, em matéria tributária, entre a União, os Estados, o Distrito Federal e os Municípios (art. 146, I, CF). Um exemplo pode ser observado no artigo 32, § 1.º, do CTN. Nele, a lei complementar (CTN) estabelece os critérios a serem obedecidos para que uma área seja considerada urbana e, portanto, sujeita à incidência do IPTU e não à do ITR.

Na questão dos conflitos de competência, não pode passar sem registro a norma do artigo 110 do CTN, que determina que a lei tributária não pode alterar a definição, o conteúdo e o alcance de institutos, conceitos e formas de Direito Privado, utilizados, expressa ou implicitamente, pela Constituição Federal, pelas Constituições dos Estados ou pelas Leis Orgânicas do Distrito Federal ou dos Municípios, para definir ou limitar competências tributárias.

Limitações da competência tributária ou ao poder de tributar

Vimos que a distribuição de competências tributárias é feita em sede constitucional. Contudo, esse direito subjetivo de legislar sobre a criação, majoração e extinção de tributos não é amplo e ilimitado. É a própria Constituição Federal que impõe certos limites ao exercício da competência tributária ou ao poder de tributar. Essas restrições são feitas ora no interesse do cidadão ou da comunidade, ora no interesse do relacionamento entre as próprias entidades federativas. Assim, no momento da criação dos tributos, as pessoas políticas estão obrigadas a observar as normas que regulam as "limitações ao poder de tributar".

Entende-se como limitação ao poder de tributar toda e qualquer restrição imposta pela Constituição Federal às entidades dotadas desse poder. Tais limitações estão consagradas em um conjunto de princípios e imunidades, estabelecidos, principalmente, na seção II do título VI da CF. Existem princípios que podem influir na interpretação da legislação tributária, a exemplo dos da ordem econômica do título VII da CF, assim como também é possível encontrar imunidades tributárias além daquelas dispostas no artigo 150, VI, da CF.

A Constituição abre campo para que a lei complementar possa estabelecer algumas restrições ao poder de tributar, ao exercer a função de "regular as limitações constitucionais ao poder de tributar" (art. 146, II, CF). Um exemplo disso é o artigo 14 do CTN, que dá as condições que devem ser obedecidas por instituições de educação e entidades de assistência social sem fins lucrativos para desfrutar a imunidade prevista no artigo 150, VI, "c", da CF. Logo, os limites da competência tributária não se resumem aos que estão definidos no texto constitucional.

Princípios constitucionais tributários

Os princípios constitucionais tributários podem ser sistematizados em princípios gerais, aplicáveis, em regra, a todos os tributos, e princípios tributários específicos, aplicáveis a alguns tributos.

PRINCÍPIOS TRIBUTÁRIOS GERAIS

São princípios constitucionais tributários gerais: legalidade, isonomia, capacidade contributiva, irretroatividade, anterioridade, proibição ao confisco, liberdade de tráfego e uniformidade geográfica.

Princípio da legalidade

O princípio da legalidade (art. 150, I, CF) estabelece que somente mediante lei são possíveis a instituição e a majoração de tributos. O mesmo princípio ainda exige que a própria lei instituidora do tributo defina todos os aspectos referentes ao fato gerador, sujeitos ativo e passivo, base de cálculo e alíquota.

Em regra, a lei exigida pela CF para a criação, majoração e extinção dos tributos é a ordinária, salvo nos casos expressos em que se exige lei complementar (Imposto sobre Grandes Fortunas, competência residual da União e empréstimos compulsórios). Também a medida provisória e a lei delegada podem ser utilizadas para instituir ou majorar tributos.

O conteúdo do princípio da legalidade é ampliado pelo artigo 97 do CTN, que determina que só a lei pode tratar de:
a) instituição de tributos, sua extinção, sua majoração e sua redução;
b) definição do fato gerador, base de cálculo e alíquota;
c) cominação de penalidades e sua redução;
d) hipóteses de exclusão, suspensão e extinção de créditos tributários.

O princípio da legalidade admite exceções no que se refere à alteração de alíquotas:
- II, IE, IPI, IOF – impostos com função regulatória (art. 153, § 1.º, CF);
- Cide-petróleo (art. 177, § 4.º, I, "b", CF).

As alterações de alíquotas do II, IE, IPI e IOF devem atender às condições e aos limites estabelecidos em lei, podendo, até mesmo, ocorrer majoração. Por sua vez, a alteração da alíquota da Cide-petróleo só pode ser feita para reduzir ou restabelecer o valor previsto na lei.

Importante ressaltar que a exceção atinge somente a alteração de alíquotas. Não é possível alterar base de cálculo, majorando tributo, por norma infralegal, mesmo para os tributos que são exceção à legalidade.

O artigo 97, § 2.º, do CTN permite, no entanto, que alterações da base de cálculo até o limite do índice de correção monetária oficial possam ser feitas por norma infralegal (decreto ou portaria, por exemplo). Tal permissivo atinge principalmente o IPTU e o IPVA, que têm, anualmente, suas bases de cálculo alteradas. Se tal alteração for feita até o limite do índice de correção monetária oficial, poderá ser veiculada por decreto ou outra norma infralegal. Os tribunais têm aceitado o INPC ou o IPCA (ambos do IBGE) como índices oficiais.

A alteração de data de pagamento de tributo não necessita ser feita por lei, conforme já exposto ao tratar das fontes secundárias do Direito Tributário.

Princípio da isonomia ou igualdade tributária

O princípio da isonomia decorre do artigo 5.º, *caput* e inciso I, da CF, o qual estabelece que todos são iguais perante a lei, sem distinção de qualquer natureza. Em matéria tributária, quis o constituinte reafirmar a igualdade no artigo 150, inciso II.

Tal princípio deve ser entendido como uma vedação aos entes tributantes de instituir tratamento desigual entre contribuintes que se encontrarem em situações equivalentes. Nas palavras de Celso Antônio Bandeira de Mello, "o ponto nodular para exame da correção de uma regra em face do princípio isonômico reside na existência ou não de correlação lógica entre o fator erigido em critério de discrímen e a discriminação legal decidida em função dele" (*O conteúdo jurídico do princípio da igualdade*, p. 37). No Direito Tributário, o discrímen será a capacidade contributiva, como será visto no próximo item.

O artigo 150, II, da CF, em sua parte final, veda expressamente a discriminação de contribuinte em razão da ocupação profissional ou função por ele exercida. Nesse ponto, note-se que as contribuições especiais (contribuições sociais, de intervenção no domínio econômico, de interesse das categorias profissionais ou econômicas e para o custeio do serviço de iluminação pública – arts. 149 e 149-A, CF) não obedecem a tal dispositivo. É da natureza de tais contribuições dar tratamento diferenciado em razão da ocupação profissional ou função exercida pelo contribuinte, daí serem excepcionadas do princípio da isonomia.

Princípio da capacidade contributiva

Capacidade contributiva "é a aptidão da pessoa colocada na posição de destinatário legal tributário, para suportar a carga tributária, sem o perecimento da riqueza lastreadora da tributação" (Costa, Regina Helena, *Princípio da capacidade contributiva*, p. 10).

Em nosso ordenamento jurídico, o princípio da capacidade contributiva foi previsto expressamente no artigo 145, § 1.º, da CF, dispondo que, sempre que possível, os impostos serão graduados segundo a capacidade econômica do contribuinte. Isso significa que onde não houver riquezas não haverá tributação e onde houver riquezas a tributação deverá ser feita considerando a capacidade econômica do contribuinte, evitando a tributação excessiva ou desproporcional. A expressão, sempre que possível, harmoniza-se com a necessidade de existirem impostos com finalidades extrafiscais que podem não obedecer ao princípio.

O respeito à capacidade contributiva é uma decorrência do princípio da igualdade, sendo um dos mecanismos utilizados para o alcance da Justiça fiscal.

Três são os índices de capacidade contributiva: renda, patrimônio, consumo de bens e serviços. Ressalte-se que no Brasil não há "impostos diretos" sobre o consumo, e sim "impostos indiretos" (ex.: ICMS, IPI). Somente um imposto direto (pessoal, no qual aquele que paga é o mesmo que suporta o ônus) atinge a capacidade contributiva por meio do índice "consumo de bens e serviços".

A capacidade contributiva começa onde termina a necessidade do mínimo existencial e termina onde começa o confisco. Veja esquema abaixo.

- **Capacidade contributiva e mínimo existencial** – Mínimo existencial é a quantidade de renda, patrimônio ou consumo de bens e serviços que permite ao cidadão e sua família viver com dignidade, estando relacionado a um dos fundamentos da República Federativa do Brasil (art. 1.º, III, CF) e aos direitos sociais (art. 6.º, CF) (Baleeiro, Aliomar, *Limitações constitucionais ao poder de tributar*, p. 8).
- **Capacidade contributiva e vedação de tributo confiscatório** – O princípio da capacidade contributiva relaciona-se também com o princípio da vedação da utilização do tributo com efeito de confisco, na medida em que, mesmo existindo capacidade contributiva, a tributação excessiva será inconstitucional, pois resultará em confisco.

Índice de capacidade contributiva (renda, patrimônio ou consumo)

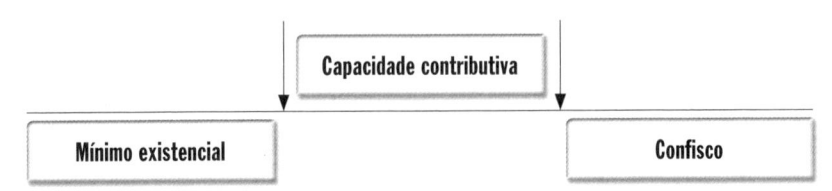

Mínimo existencial	Capacidade contributiva	Confisco

Princípio da irretroatividade

O princípio da irretroatividade (art. 150, III, "a", CF) estabelece que é vedada a cobrança de tributos em relação a fatos geradores ocorridos antes do início da vigência da lei que os houver instituído ou aumentado. O início da vigência da lei se dá, normalmente, depois de sua publicação e o transcurso da *vacatio legis*, conforme exposto ao tratar da vigência da lei no tempo.

Em matéria tributária, todas as leis que instituem ou majoram tributos devem projetar seus efeitos para os fatos futuros ou para os pendentes, visto que estão impossibilitadas de alcançar fatos geradores ocorridos antes do início de sua vigência. Assim, uma lei que tenha aumentado determinado tributo só pode ser aplicada a fatos geradores futuros ou pendentes.

Para saber se um fato gerador é pendente, é preciso estabelecer a diferença entre uma situação de fato e uma situação jurídica. Embora seja criticável tal separação, pois toda situação de fato contemplada pelo

Direito passa a ser situação jurídica, pode-se entender que as situações não categorizadas por um instituto jurídico são situações de fato (ex.: entrada no território nacional de mercadoria estrangeira). Já as situações jurídicas estão vinculadas ao respectivo instituto jurídico (ex.: transmissão de bens imóveis – compra e venda – e doação).

Sendo situação de fato, estará pendente até que todas as circunstâncias materiais que lhe são próprias ocorram (art. 116, I, CTN). Sendo situação jurídica, estará pendente até que se realizem as condições exigidas pelo direito para que se considere o negócio jurídico como ato jurídico perfeito (art. 116, II, CTN). Uma compra e venda de um imóvel que já se iniciou, mas não teve lavrado o registro competente, é uma situação jurídica pendente.

O CTN autoriza a lei com efeitos retroativos quando (art. 106, CTN):
a) for interpretativa;
b) deixar de definir um ato como infração;
c) deixar de definir um ato como contrário à exigência de uma ação ou omissão, excetuados a fraude e os atos que resultaram em pagamento de tributo a menor;
d) cominar ao ato penalidade menos severa que a prevista na lei vigente ao tempo de sua prática.

Esses três últimos casos de aplicação retroativa dependem de a situação não estar definitivamente julgada na esfera judicial.

A lei que amplia os poderes de fiscalização aplica-se a fatos geradores passados (art. 144, § 1.º, CTN), pois não vai criar ou aumentar tributo, mas apenas possibilitar que a fiscalização examine melhor os fatos passados para verificar se ocorreu algum fato gerador de obrigação tributária.

Princípio da anterioridade

O princípio da anterioridade sofreu profunda modificação com a EC 42/03. Antes de tratar de seu conteúdo, é preciso conceituar exercício financeiro e diferenciá-lo da anualidade.

"Exercício financeiro é o período de tempo para o qual a lei orçamentária aprova a receita e a despesa pública" (Amaro, Luciano, op. cit., p. 120). Em nosso sistema jurídico o exercício financeiro coincide com o ano civil: de 1.º de janeiro a 31 de dezembro de cada ano (art. 34, Lei 4.320/64).

O princípio da anterioridade não pode ser confundido com anualidade. A anualidade existiu até a Constituição de 1967, determinando autorização anual para a cobrança de tributos, mas não consta do texto constitucional em vigor.

Na atual conformação do princípio da anterioridade, existem uma regra geral e duas regras especiais, além das exceções ao princípio. A doutrina ainda não assentou uma nomenclatura para esse princípio, havendo autores que falam em anterioridade qualificada, agravada, etc. Enquanto não se chega a uma nomenclatura comum, o mais importante é fixar o conteúdo.

Conhecendo as duas regras especiais e as exceções, os demais tributos estarão sujeitos à regra geral.

A regra geral da anterioridade (anterioridade geral) é aplicável à maioria dos tributos, daí a denominação regra geral. Determina a obediência conjunta das alíneas "b" e "c" do inciso III, artigo 150 da CF. Portanto, lei que cria ou majora tributo só entra em vigor:
- no exercício financeiro seguinte ao de sua publicação; e
- depois de decorridos 90 dias da respectiva publicação.

Estão submetidos à regra geral da anterioridade os seguintes tributos:
- impostos da União – ITR, IGF;
- impostos dos Estados – ICMS (exceto ICMS-combustíveis), IPVA*, ITCMD;
- impostos dos Municípios – ISS, IPTU*, ITBI;
- impostos residuais da União;
- empréstimo compulsório para investimento público;
- taxas, contribuições de melhoria, contribuições especiais (exceto sociais para a seguridade social e Cide-petróleo).

Exemplos de aplicação da regra geral da anterioridade:
1. Para entrar em vigor em 1.º de janeiro do ano seguinte, a lei que instituir ou majorar tributo deverá ser publicada até 1.º de outubro do ano em curso.
2. Lei que institui ou majora tributo publicada em 31 de dezembro só entrará em vigor em 1.º de abril do ano seguinte.

O aplicador do Direito deve ter especial cuidado quando um tributo for instituído ou majorado por medida provisória. Além de observar se é tributo de competência da União, tem de estar atento ao que determina o artigo 62, § 2.º, da CF com relação ao ponto de partida para a aplicação do princípio da anterioridade, conforme se observou ao tratar das medidas provisórias.

As regras especiais subdividem-se em:
- **Regra especial do exercício seguinte (anterioridade do exercício)** – Implica obediência somente ao artigo 150, III, "b". Por essa regra, a instituição ou majoração de tributo só entra em vigor no exercício financeiro seguinte ao da publicação da lei, mesmo que publicada no último dia do ano. Além do Imposto sobre a Renda, segue essa regra a fixação da base de cálculo do IPTU e do IPVA, como assinalado anteriormente.
- **Regra especial nonagesimal (anterioridade nonagesimal)** – Implica obediência somente ao artigo 150, III, "c". Resulta na necessidade de existir prazo de 90 dias entre a publicação da lei que institui ou majora tributo e sua entrada em vigor. Seguem tal regra

---

* A fixação da base de cálculo desses impostos sujeita-se somente à regra especial da anterioridade do exercício.

as contribuições sociais para a seguridade social (art. 195, § 6.º, CF), o IPI, a Cide-petróleo e o ICMS-combustíveis, no que tange ao restabelecimento das alíquotas previstas em lei (art. 177, § 4.º, I, "b", e art. 155, § 4.º, IV, "c", CF).

O princípio da anterioridade comporta as exceções previstas no artigo 150, § 1.º, da CF. Por causa disso, podem ser cobrados no mesmo exercício financeiro em que for publicada a lei que os instituiu ou aumentou e independentemente do prazo de 90 dias os seguintes tributos:

- imposto sobre importação de produtos estrangeiros (II);
- imposto sobre exportação de produtos nacionais ou nacionalizados (IE);
- imposto sobre operações de crédito, câmbio e seguro ou relativas a títulos ou valores mobiliários (IOF);
- imposto extraordinário de guerra (art. 154, II, CF);
- empréstimo compulsório destinado a atender a despesas extraordinárias decorrentes de calamidade pública, de guerra externa ou sua iminência (art. 148, I, CF).

Princípio da vedação de tributo com efeito de confisco ou da proibição ao confisco

O princípio da vedação de tributo com efeito de confisco (art. 150, IV, CF) pode ser enunciado como uma proibição à instituição de tributos que sejam excessivamente onerosos, antieconômicos, inviabilizando o desenvolvimento de atividades econômicas capazes de produzir riqueza. Sendo os tributos obrigações compulsórias (não voluntárias) devidas para o Estado e desde que a tributação se faça nos limites da CF, essa transferência de riqueza do contribuinte para o Estado não será confiscatória.

Como não existem critérios objetivos para identificar uma cobrança confiscatória, a definição de confisco há de se pautar pela razoabilidade (dentro da lógica do razoável).

Não é simplesmente o confisco que é vedado, mas a utilização de tributo com efeito confiscatório. A Constituição protege a propriedade, porém admite exceções nas quais é possível o confisco, como perdimento dos bens do condenado (art. 5.º, XLV e XLVI, "b", CF).

Princípio da liberdade de tráfego

Os entes tributantes não podem estabelecer limitações ao tráfego de pessoas ou bens por meio de tributos interestaduais ou intermunicipais. Com isso, protege-se a liberdade de locomoção de pessoas e bens.

A proibição de limitações ao tráfego de pessoas e bens não impede a cobrança de pedágio pela utilização de vias conservadas pelo Poder Público (art. 150, V, CF).

Princípio da uniformidade geográfica

É vedado à União instituir tributo que não seja uniforme em todo o território nacional ou que implique distinção ou preferência em relação a Estado, ao Distrito Federal ou a Município, em detrimento de outro, admitida a concessão de incentivos fiscais destinados a promover o equilíbrio do desenvolvimento socioeconômico entre diferentes regiões do país (art. 151, I, CF).

Por seu turno, é proibido aos Estados, ao Distrito Federal e aos Municípios estabelecer diferença tributária entre bens e serviços, de qualquer natureza, em razão de sua procedência ou destino. Assim, resta vedado que certo Município isente de imposto a prestação de determinado serviço apenas quando o usuário seja residente no próprio Município (art. 152, CF).

PRINCÍPIOS TRIBUTÁRIOS ESPECÍFICOS

São princípios constitucionais tributários específicos: não cumulatividade, progressividade, seletividade (IPI e ICMS), generalidade (IR) e universalidade (IR).

Neste tópico são abordados os princípios da não cumulatividade e da progressividade. Os demais podem ser encontrados quando tratamos dos respectivos impostos a que são aplicáveis.

Princípio da não cumulatividade

A compreensão da não cumulatividade exige uma noção sobre incidência monofásica ou plurifásica.

A incidência monofásica ocorre quando o tributo incide apenas em uma fase na cadeia produtiva ou de comercialização, e a incidência plurifásica, quando o tributo incide em mais de uma fase.

Um tributo plurifásico pode ser cumulativo ou não cumulativo.

Em um tributo plurifásico cumulativo, o pagamento do tributo se dá fase após fase, sem que o valor já pago em fase anterior seja descontado na fase atual. É a chamada incidência "em cascata". O exemplo mais notório de tributo plurifásico cumulativo é a extinta Contribuição Provisória sobre Movimentação Financeira (CPMF), de competência da União.

O tributo plurifásico não cumulativo obedece ao princípio da não cumulatividade, ou seja, o valor do tributo pago em uma operação é compensado na próxima.

O texto constitucional obriga a aplicação da não cumulatividade ao IPI (art. 153, § 3.º, II, CF), ao ICMS (art 155, II, CF), aos impostos residuais e às contribuições sociais para seguridade social na competência residual da União (arts. 154, I, e 195, § 4.º, CF). Além de tais aplicações obrigatórias, foi determinado que a lei estabeleça quais contribuições sociais para seguridade social incidentes sobre a receita, sobre o faturamento e sobre a importação serão não cumulativas (art. 195, § 12.º, CF).

Quanto às contribuições especiais do artigo 149 da CF, estas poderão ter incidência monofásica (art. 149, § 4.º, CF). Significa dizer que as contribuições especiais podem ser monofásicas, plurifásicas cumulativas e plurifásicas não cumulativas.

Princípio da progressividade

Inicialmente, cabe estabelecer a diferença entre proporcionalidade, progressividade e regressividade.

A proporcionalidade é aplicável à maioria dos tributos, significando que a alíquota permanecerá constante com qualquer valor da base de cálculo.

A progressividade determina que, quanto maior a base de cálculo, maior será a alíquota. Aplica-se ao IR (art. 153, § 2.º, I, CF), ao IPTU (art. 156, § 1.º, I, CF) e ao ITR (art. 153, § 4.º, I, CF). Normalmente, quando se fala em progressividade, trata-se da progressividade pelo valor ou progressividade fiscal. No entanto, existe também a progressividade extrafiscal, como será visto adiante.

A regressividade é o oposto da progressividade: quanto maior a base de cálculo, menor será a alíquota. Essa sistemática de tributação não é compatível com nosso sistema tributário, pois representa ofensa ao princípio da capacidade contributiva.

A progressividade extrafiscal é uma técnica de tributação utilizada para tornar o tributo mais gravoso com o objetivo de induzir o comportamento do contribuinte para a realização de determinadas ações de interesse da sociedade.

Para o IPTU, existe a progressividade extrafiscal no tempo (art. 182, § 4.º, II, CF). Esta visa a induzir o atingimento dos objetivos do plano diretor municipal, ou seja, dar à propriedade uma utilização que obedeça sua função social (art. 5.º, XXIII, CF), promovendo o adequado aproveitamento do solo urbano. O proprietário de solo urbano que não der aproveitamento adequado ao plano diretor a sua propriedade será tributado, ano após ano, com uma alíquota maior.

Para o ITR, além da progressividade pelo valor, há a progressividade extrafiscal com relação ao aproveitamento do solo de maneira a desestimular a manutenção de propriedades improdutivas. Assim, quanto mais improdutiva uma propriedade rural, maior será a alíquota do ITR.

Imunidades tributárias

Vimos que a competência para a instituição de tributos não se apresenta como uma carta em branco ao legislador. Ela já nasce limitada tanto pelos princípios constitucionais que informam o Sistema Tributário Nacional como pelas normas de imunidade tributária.

DEFINIÇÃO DE IMUNIDADE TRIBUTÁRIA

Para Hugo de Brito Machado, "imunidade é o obstáculo decorrente de regra da Constituição à incidência de regra jurídica de tributação. O que é imune não pode ser tributado. A imunidade impede que a lei defina como hipótese de incidência tributária aquilo que é imune. É limitação da competência tributária" (*op. cit.*, p. 272).

Luciano Amaro, por seu turno, entende que "o conjunto de princípios e normas que disciplinam esses balizamentos da competência tributária corresponde às chamadas 'limitações do poder de tributar', cuja face mais visível se desdobra nos princípios tributários e nas imunidades tributárias, técnica por meio da qual, na definição do campo sobre a Constituição autorizar a criação de tributos, se excepcionam determinadas situações, que ficam, portanto, fora do referido campo de competência tributária. As imunidades tributárias, a par de um complexo de balizamentos fundados na Constituição, delimitam a competência, vale dizer, traçam fronteiras do campo em que é exercitável o poder de tributar" (*op. cit.*, p. 106).

A imunidade tributária ocorre quando a regra constitucional impede a incidência da regra jurídica de tributação, criando um direito subjetivo público de exigir que o Estado se abstenha de cobrar tributos. Logo, o que é imune não pode ser tributado por ausência de competência tributária para tanto.

Na interpretação das imunidades tributárias, devemos buscar a identificação do valor (carga axiológica) constitucional relevante sendo preservado. Isso significa que utilizamos uma interpretação teleológica para as normas constitucionais que concedem imunidade. Quando o texto constitucional concede diretamente uma isenção ou não incidência, estaremos diante, de fato, de uma imunidade.

As imunidades tributárias podem alcançar todos os tributos. No entanto, o artigo 150, VI, da CF abrange apenas os impostos. Assim, faremos, inicialmente, um estudo sobre as imunidades relativas a essa espécie tributária.

IMUNIDADES DE IMPOSTOS DENTRO DO CAPÍTULO DO SISTEMA TRIBUTÁRIO NACIONAL

O artigo 150, VI, da CF estabelece que é vedado à União, aos Estados, ao Distrito Federal e aos Municípios instituírem impostos sobre:

a) patrimônio, renda ou serviços uns dos outros (imunidade recíproca);
b) templos de qualquer culto (imunidade dos templos);
c) partidos políticos, entidades sindicais dos trabalhadores, das instituições de educação e assistência social: patrimônio, renda ou serviços dessas entidades;
d) livros, periódicos e papel destinado a sua impressão.

Imunidade recíproca

É vedado às pessoas políticas instituírem impostos sobre o patrimônio, renda ou serviços umas das outras (art. 150, VI, "a", CF).

Também estão abrangidas pela imunidade recíproca as autarquias e as fundações públicas, apenas no que se refere ao patrimônio, à renda ou aos serviços vinculados a suas finalidades essenciais ou às delas decorrentes. Finalidades essenciais são os objetivos inerentes à própria natureza da entidade, e finalidades decorrentes das essenciais, aquelas atividades relacionadas com os principais objetivos da entidade.

Essa imunidade não se aplica ao patrimônio, à renda ou aos serviços das pessoas políticas, autarquias e fundações públicas relacionados com a exploração de atividades econômicas regidas pelas normas aplicáveis a empreendimentos privados ou em que haja contraprestação ou pagamento de preços ou tarifas pelo usuário, nem exonera o promitente comprador da obrigação de pagar imposto relativamente ao bem imóvel (art. 150, § 3.º, CF).

A imunidade recíproca é uma decorrência direta do princípio federativo e da autonomia municipal. "Sendo a Federação Brasileira a autonomia recíproca entre a União, os Estados-membros e os Municípios, impositiva da isonomia entre as pessoas políticas, dessa reciprocidade deflui a vedação de tributação, também recíproca, em matéria de impostos que lhes toquem o patrimônio, a renda e os serviços" (Costa, Regina Helena, *Imunidades tributárias*, p. 138).

O valor preservado é a harmonia entre os entes federativos, o federalismo, que é, até, cláusula pétrea (art. 60, § 4.º, CF). Mesmo se não houvesse expressamente essa norma enunciada no texto constitucional, a imunidade recíproca subsistiria em face da federação. E mais: as pessoas políticas que são destinadas a prestar serviços públicos não possuem capacidade contributiva, visto que seus recursos visam única e exclusivamente à prestação de serviços públicos.

Os chamados impostos indiretos (IPI e ICMS), por serem decorrentes do consumo, não estão abrangidos por essa imunidade.

Imunidade dos templos

O artigo 150, VI, "b", e § 4.º, da CF prescreve ser vedado às pessoas tributantes instituir e cobrar impostos que incidam sobre os templos de qualquer culto, esclarecendo que a imunidade só abrange o patrimônio, os bens e os serviços relacionados com as finalidades essenciais da instituição religiosa.

A presente imunidade visa a garantir "a liberdade de crença e o livre exercício dos cultos religiosos", direito fundamental expresso no artigo 5, VI, da CF.

Estão imunes o prédio onde se realizam os cultos, os veículos utilizados como templos móveis, bem como a renda obtida com as doações dos fiéis e o lucro obtido com aplicações financeiras. Já as outras atividades econômicas que não tiverem relação com as finalidades essenciais da instituição religiosa não são imunes (ex.: a renda proveniente da locação de imóvel da igreja).

Taxas e outros tributos (ex.: contribuição de melhoria) podem ser cobrados dos templos.

Imunidade dos partidos políticos e suas fundações, entidades sindicais dos trabalhadores e instituições de educação e assistência social sem fins lucrativos, atendidos os requisitos da lei

É vedado às pessoas políticas instituir e cobrar impostos que incidam sobre o patrimônio, a renda e os serviços dos partidos políticos e suas fundações, dos sindicatos dos trabalhadores e das instituições de educação e assistência social sem fins lucrativos, desde que relacionados com suas finalidades essenciais (art. 150, VI, "c", e § 4.º, CF).

A ausência de fins lucrativos é uma exigência apenas das instituições educacionais e de assistência social, uma vez que os partidos políticos e suas fundações, bem como os sindicatos dos trabalhadores, são entes que, pela própria natureza, não visam ao lucro. Uma instituição sem fins lucrativos é aquela que não tenha como objetivo distribuir seus resultados positivos nem fazer retornar seu patrimônio às pessoas que a instituíram.

Trata-se de imunidade condicional, visto que a fruição dos benefícios do favor fiscal depende do preenchimento dos requisitos estabelecidos em lei complementar (art. 146, II, CF). Esses requisitos são os constantes do artigo 14 do CTN, que determina as seguintes condições cumulativas:
- proibição da distribuição de seu patrimônio e de suas rendas a qualquer título;
- obrigatoriedade da aplicação integral das rendas no país;
- obrigatoriedade da manutenção da escrituração das receitas e despesas.

No caso dos partidos políticos, o valor a ser preservado é a democracia por meio do pluralismo partidário.

Para os sindicatos, protege-se a liberdade sindical, evitando que o Estado possa, por meio de tributos, inviabilizar o funcionamento de tais entidades (arts. 5.º, XVII a XXI, e 8.º, CF).

A proteção às entidades de assistência social visa a assegurar direitos de liberdade relacionados com o mínimo existencial e as condições para garantia da igualdade de oportunidade.

Ainda quando alugado a terceiros, permanece imune do IPTU o imóvel pertencente a qualquer das entidades referidas no artigo 150, VI, "c", da Constituição, desde que o valor dos aluguéis seja aplicado em suas atividades essenciais (Súmula 724, STF).

Taxas e outros tributos estão excluídos da imunidade.

Imunidade de livros, periódicos e papel destinado a sua impressão

É vedado às pessoas políticas instituir e cobrar impostos que incidam sobre livros, periódicos (jornais, revistas, lista telefônica, etc.) e papel destinado a sua impressão (art. 150, VI, "d", CF).

Essa imunidade visa a proteger a "liberdade de manifestação do pensamento" (art. 5.º, IV, IX, CF) e o "direito de informar e ser informado", na medida em que busca baratear os veículos difusores de cultura.

O vendedor de livros, a editora, a empresa fabricante de papel e o autor de livros não são imunes, pois a imunidade é objetiva.

A tendência da jurisprudência é aceitar a imunidade dos livros eletrônicos (posição do TJ/SP). Já a jurisprudência do STF é no sentido de não considerar imunes outros insumos utilizados na confecção dos livros e periódicos, como tinta especial e chapas polimerizadas para a impressão de jornais. Somente os filmes e papéis fotográficos necessários à publicação de jornais e periódicos tiveram a imunidade reconhecida pelo STF (Súmula 657).

Outras imunidades de impostos dentro do capítulo do Sistema Tributário Nacional

Além das imunidades previstas no artigo 150 da CF, existem outras dentro do capítulo do Sistema Tributário Nacional quanto aos seguintes impostos:
- IPI: produtos destinados ao exterior (art. 153, § 3.º, III, CF);
- ITR: pequenas glebas rurais, definidas em lei, explorando-a o proprietário que não possua outro imóvel (art. 153, § 4.º, II, CF);
- ICMS:
  - operações que destinem mercadorias ao exterior, assegurado o crédito das operações anteriores (art. 155, § 2.º, X, "a", CF);
  - operações que destinem petróleo, combustíveis e lubrificantes dele derivados a outros Estados (art. 155, § 2.º, X, "b", CF) – *obs.:* com relação aos combustíveis e lubrificantes, uma lei complementar poderá retirar a imunidade se criar incidência monofásica;
  - ouro, como ativo financeiro (art. 155, § 2.º, X, "c", CF). Só incidirá IOF;
  - serviços de radiodifusão sonora e de sons e imagens de recepção livre e gratuita (art. 155, § 2.º, X, "d", CF);
- qualquer imposto, salvo o ICMS, o II e o IE: minerais, energia elétrica, combustíveis líquidos e gasosos (art. 155, § 3.º, CF);
- ITBI: incorporação ao patrimônio de pessoa jurídica em realização de capital e fusão, incorporação e cisão de empresas, salvo se a atividade preponderante da empresa for a compra e venda de imóveis, locação ou arrendamento (art. 156, § 2.º, I, CF).

OUTRAS IMUNIDADES DE IMPOSTOS FORA DO CAPÍTULO DO SISTEMA TRIBUTÁRIO NACIONAL

Fora do capítulo do Sistema Tributário Nacional, estão imunes a qualquer imposto as operações de transferências de imóveis para fins de reforma agrária (art. 184, § 5.º, CF).

IMUNIDADE DE TAXAS

São imunes de taxas os seguintes serviços públicos:
- impetração de *habeas corpus* e *habeas data* e a propositura de ação popular (art. 5.º, LXXIII e LXXVII, CF);
- registro civil de nascimento e certidão de óbito para os reconhecidamente pobres (art. 5.º, LXXVI, CF), bastando para o reconhecimento da condição de pobre uma declaração do próprio interessado ou a rogo do analfabeto com duas testemunhas (art. 30, Lei 6.015/73);
- celebração de casamento civil (art. 226, § 1.º, CF) – *atenção:* a celebração do casamento é imune, mas o registro não;
- assistência jurídica para quem não possuir recursos (art. 5.º, LXXIV, CF);
- petições aos Poderes Públicos em defesa de direitos ou contra ilegalidade ou abuso de poder, bem como certidões fornecidas por repartições públicas na defesa de direitos pessoais (art. 5.º, XXXIV, CF).

IMUNIDADE DE CONTRIBUIÇÕES ESPECIAIS

São imunes às contribuições sociais (gerais e para seguridade social) e às Cides as receitas decorrentes de exportação (art. 149, § 2.º, I, CF).

As entidades beneficentes de assistência social têm imunidade das contribuições para a seguridade social, conforme os requisitos da lei (art. 195, § 7.º, CF). Essa lei deve ser complementar, em virtude da interpretação conjunta com o artigo 146, II, da CF. Cumpre essa função o artigo 14 do CTN.

As aposentadorias e pensões do regime geral da Previdência (trabalhadores da iniciativa privada) estão imunes às contribuições sociais para a seguridade social (art. 195, II, CF).

EM RESUMO

COMPETÊNCIA TRIBUTÁRIA E LIMITAÇÕES AO PODER DE TRIBUTAR

Definição de competência tributária

A competência tributária é a aptidão inerente à União, aos Estados, ao Distrito Federal e aos Municípios para criar, modificar e extinguir tributos, mediante a expedição de lei.

Características da competência tributária

A competência apresenta as seguintes características: indelegabilidade, irrenunciabilidade, incaducabilidade, inalterabilidade, facultatividade e privatividade.

Espécies de competência tributária

São três as espécies de competência tributária:
- **Competência ordinária** – Está estabelecida no artigo 145 da CF com relação a impostos, taxas e contribuições de melhoria. Pode ser dividida em:
  - **Competência ordinária privativa ou exclusiva** – É atribuída com exclusividade a determinado ente político em relação aos impostos.
  - **Competência ordinária comum** – É atribuída a todos os entes públicos titulares da competência tributária. Existe para taxas e contribuições de melhoria.
  - **Competência ordinária residual** – Envolve a competência para instituir tributos sobre situações que não estejam compreendidas na competência privativa dos demais entes federativos. Somente a União possui competência residual.
- **Competência especial** – Refere-se à criação das contribuições especiais dos artigos 149 e 149-A da CF. Pode ser dividida em:
  - **Competência especial privativa ou exclusiva** – É a competência para criar contribuições especiais com exclusividade por determinado ente federativo. A União possui, em regra, essa competência com relação às contribuições especiais do artigo 149 da CF, e os Municípios e o Distrito Federal, com relação à Cosip.
  - **Competência especial comum** – É concedida a todos os entes federativos para a contribuição social para a seguridade social destinada a financiar a previdência dos servidores públicos.

- **Competência especial residual** – É a que possui a União para a instituição de novas contribuições sociais para a seguridade social que atinjam fatos geradores além daqueles previstos no artigo 195 da CF.
- **Competência extraordinária** – Está ligada a um evento extraordinário relacionado com guerra externa ou investimento público.

Distinção entre competência tributária e capacidade tributária

Competência tributária é a competência para legislar sobre determinado tributo, enquanto capacidade tributária é a capacidade de integrar a relação jurídico-tributária no plano ativo, ou seja, capacidade de ser sujeito ativo.

Parafiscalidade e extrafiscalidade

- **Parafiscalidade** – Quando o titular da competência tributária é diferente do sujeito ativo.
- **Extrafiscalidade** – Quando a legislação tributária persegue finalidade diversa da arrecadação, buscando induzir comportamentos, embora o produto da arrecadação não seja descartado.

Princípios constitucionais tributários gerais

- **Princípio da legalidade** – Somente mediante lei é possível instituir ou majorar tributos, incluindo definições sobre o fato gerador, base de cálculo e alíquota; estabelecer penalidades e reduzi-las; tratar das hipóteses de exclusão (anistia e isenção), suspensão e extinção do crédito tributário. São exceções os impostos regulatórios II, IE, IPI e IOF e a Cide-petróleo, que podem ter suas alíquotas alteradas por decreto.
- **Princípio da isonomia** – Os entes tributantes não podem instituir tratamento desigual entre contribuintes que se encontrarem em situações equivalentes. É vedado, especialmente, dar tratamento diferenciado em razão da ocupação profissional ou função exercida pelo contribuinte.
- **Princípio da capacidade contributiva** – A tributação deve respeitar a capacidade econômica do contribuinte. **Mínimo existencial** é a quantidade de renda, patrimônio ou consumo de bens e serviços que permite ao cidadão e sua família viverem com dignidade.
- **Princípio da irretroatividade** – É vedada a cobrança de tributos em relação a fatos geradores ocorridos antes do início da vigência da lei que os houver instituído ou aumentado. Há alguns casos nos quais a lei pode retroagir.

- **Princípio da anterioridade** – A **regra geral** da anterioridade estabelece que lei que cria ou majora tributo só entra em vigor no exercício financeiro seguinte ao de sua publicação e depois de decorridos 90 dias da mesma data. A **regra especial do exercício seguinte** determina que a instituição ou majoração de tributo só entra em vigor no exercício financeiro seguinte ao da publicação da lei. Vale para o IR e para a base de cálculo do IPTU e do IPVA. A **regra nonagesimal** exige prazo de 90 dias entre a publicação da lei que institui ou majora tributo e sua entrada em vigor. É aplicável às contribuições sociais para a seguridade social, IPI, Cide-petróleo e ICMS--combustíveis. Exceções à anterioridade: II, IE, IOF, impostos extraordinários de guerra e empréstimo compulsório de guerra ou calamidade.
- **Princípio de vedação ao confisco** – É vedada a instituição de tributos que sejam excessivamente onerosos, antieconômicos, inviabilizando o desenvolvimento de atividades econômicas capazes de produzir riqueza.
- **Princípio da liberdade de tráfego** – Os entes tributantes não podem estabelecer limitações ao tráfego de pessoas ou bens por meio de tributos interestaduais ou intermunicipais.
- **Princípio da uniformidade geográfica** – É vedado à União instituir tributo que não seja uniforme em todo o território nacional ou que implique distinção ou preferência em relação a Estado, ao Distrito Federal ou a Município. Os incentivos fiscais são permitidos. Os Estados, o Distrito Federal e os Municípios não podem estabelecer diferença tributária entre bens e serviços, de qualquer natureza, em razão de sua procedência ou seu destino.

Princípios constitucionais tributários específicos
- **Princípio da não cumulatividade** – O valor do tributo pago em uma operação deve ser compensado na próxima operação. É obrigatório para IPI, ICMS, impostos residuais e contribuições residuais e facultativo para as contribuições sociais para seguridade social incidentes sobre a receita, sobre o faturamento e sobre a importação.
- **Princípio da progressividade** – Quanto maior a base de cálculo, maior será a alíquota.

Imunidade tributária

É uma limitação da competência tributária dos entes federativos determinada pela CF ou uma não incidência qualificada pela CF. Está ligada a um valor constitucional a ser protegido.

- **Imunidades de impostos:**
  - **Imunidade recíproca** – É vedado às pessoas políticas instituírem impostos sobre o patrimônio, a renda ou aos serviços umas das outras.
  - **Imunidade dos templos** – Os templos estão imunes a todos os impostos em relação aos bens e atividades relacionadas à atividade religiosa. Taxas e contribuições podem ser cobradas. Tal imunidade protege a liberdade de crença.
  - **Imunidade dos partidos políticos, entidades sindicais dos trabalhadores, instituições de educação e assistência social** – É vedado instituir tributo sobre patrimônio, renda e serviços dos partidos políticos e suas fundações, sindicatos dos trabalhadores e instituições de educação e assistência social sem fins lucrativos, desde que relacionados com suas finalidades essenciais.
  - **Imunidade de livros, periódicos e papel destinado a sua impressão** – Protege a liberdade de pensamento, mas não se aplica aos insumos utilizados na confecção de livros e periódicos.
- **Imunidade de taxas** – Entre outros, estão imunes às taxas: a impetração de *habeas corpus* e *habeas data*, a propositura de ação popular, o registro civil de nascimento e certidão de óbito para os reconhecidamente pobres.
- **Imunidade de contribuições especiais** – As receitas decorrentes de exportação estão imunes às contribuições sociais, e as entidades beneficentes de assistência social, às contribuições para a seguridade social, conforme os requisitos da lei complementar.

PRESTE ATENÇÃO

1. **Competência tributária, capacidade tributária e delegação** – A competência tributária é indelegável, mas a capacidade tributária e a função de arrecadação ou fiscalização podem ser delegadas.
2. **Exceção à legalidade só para alíquotas** – Os impostos regulatórios (II, IE, IPI e IOF) e a Cide-petróleo são exceções ao princípio da legalidade somente no que tange à alteração de alíquotas por meio de decreto e não em relação à base de cálculo ou outro aspecto do fato gerador.
3. **Isonomia e contribuições** – As contribuições não estão impedidas de estabelecer distinções em razão da ocupação profissional ou função exercida pelo contribuinte.

4. **Princípio da anualidade** – O princípio da anualidade não existe mais para o Direito Tributário.
5. **Não cumulatividade e contribuições especiais** – As contribuições especiais podem ser monofásicas, plurifásicas cumulativas ou plurifásicas não cumulativas.
6. **Regressividade** – É o oposto da progressividade: quanto maior a base de cálculo, menor será a alíquota. Não é compatível com nosso sistema tributário, pois representa ofensa ao princípio da capacidade contributiva.
7. **Imunidade e lei complementar** – A lei complementar pode regular a imunidade, mas não alterá-la ou revogá-la.
8. **Imunidade recíproca** – Protege o federalismo e não abrange os impostos indiretos.
9. **Imunidade objetiva** – A imunidade dos livros, dos periódicos e do papel destinado a sua impressão é objetiva, ou seja, não se estende para o vendedor de livros, a editora, a empresa fabricante de papel e o autor de livros.
10. **Imunidade das instituições de educação** – As instituições de educação sem fins lucrativos, desde que atendam aos requisitos da lei, estão imunes aos impostos sobre patrimônio, renda e serviços, mas não às contribuições sociais para a seguridade social.
11. **Imunidade das instituições de assistência social** – As instituições de assistência social sem fins lucrativos, desde que atendam aos requisitos da lei, estão imunes aos impostos sobre patrimônio, renda e serviços e às contribuições sociais para a seguridade social.
12. **Imunidades e obrigações acessórias** – As pessoas imunes não estão dispensadas de cumprimento das obrigações acessórias.
13. **Imunidade e ITR** – Estão imunes ao ITR as pequenas glebas rurais, definidas em lei, explorando-a o proprietário que não possua outro imóvel. Somente o proprietário e não mais o proprietário e sua família como constava anteriormente do texto constitucional.
14. **Imunidade e casamento** – Somente a celebração do casamento civil é imune às taxas. O registro do casamento não é imune.

Obrigação Tributária, Sujeito Ativo e Sujeito Passivo

Obrigação tributária

É o vínculo entre o Estado (credor – sujeito ativo – Fisco) e o particular (devedor – sujeito passivo – contribuinte) em função de uma prestação de cunho patrimonial *ex lege*. Tal obrigação independe da vontade do sujeito passivo, pois o vínculo obrigacional tributário ignora a vontade e até o conhecimento do obrigado. Ainda que este não saiba sobre o nascimento da obrigação tributária, esta o vincula e o submete ao cumprimento da prestação tributária. Por isso, diz-se que a obrigação tributária é *ex lege* (surge com a lei), enquanto uma obrigação advinda de um contrato entre particulares é *ex voluntate* (surge com a vontade das partes).

Modalidades de obrigação tributária

OBRIGAÇÃO PRINCIPAL

A obrigação tributária principal tem por objeto entregar determinado montante em dinheiro aos cofres públicos. A prestação à qual se obriga o sujeito passivo é de natureza patrimonial e decorre necessariamente de lei (art. 113, § 1.º, CTN).

É sempre uma obrigação de dar (dar dinheiro, pagar), como pagar o tributo ou a multa (penalidade pecuniária).

Esse vínculo obrigacional instaura-se com a ocorrência do fato gerador do tributo. Por exemplo: auferir renda é fato gerador que faz nascer a obrigação principal de pagamento do Imposto sobre a Renda.

OBRIGAÇÃO ACESSÓRIA (DEVERES INSTRUMENTAIS)

A obrigação tributária acessória tem por objeto deveres formais que propiciam ao Poder Público o fiel cumprimento da prestação tributária e sua consequente fiscalização (art. 113, § 2.º, CTN). É sempre instituída no interesse da arrecadação ou fiscalização dos tributos. Não tem natureza patrimonial e decorre da legislação tributária, conforme definido no artigo 96 do CTN, ou seja, uma norma infralegal (decreto, portaria e instrução normativa) pode criar uma obrigação acessória.

É sempre uma obrigação de fazer ou não fazer. Por exemplo: emitir uma nota fiscal (fazer); não receber mercadorias desacompanhadas da documentação legalmente exigida (não fazer).

Havendo o descumprimento de obrigação acessória, ocorrerá a aplicação de uma penalidade pecuniária, daí dizer que a obrigação tributária acessória não cumprida se converte em principal no que tange à penalidade pecuniária (art. 113, § 3.º, CTN).

A dispensa do pagamento do tributo (obrigação principal) não desobriga o contribuinte do cumprimento das obrigações acessórias a que for compelido pela legislação tributária. Por essa razão, não se pode entender "acessoriedade" como a obrigação que dependa da existência da obrigação principal. Pode existir obrigação acessória sem a principal, como é o caso das pessoas físicas ou jurídicas que desfrutam imunidade tributária: não há tributo a ser pago, mas as denominadas obrigações acessórias devem ser cumpridas. O mesmo vale em relação à isenção (art. 194, parágrafo único, CTN).

Esse vínculo obrigacional se instaura com a ocorrência de uma situação definida na legislação tributária, que impõe a prática ou a abstenção de ato que não configure obrigação principal. Por exemplo: a situação de quem pretende instalar um estabelecimento comercial (situação descrita em lei) faz nascer o dever (obrigação acessória) de requerer a inscrição nos cadastros fiscais; o fato de ter um estabelecimento comercial faz nascer a obrigação acessória de não receber mercadorias sem o documento fiscal correspondente e de permitir a fiscalização de seus livros e documentos.

Fato gerador

O fato gerador da obrigação principal é a situação definida em lei como necessária e suficiente a sua ocorrência (art. 11, CTN). Na linguagem usada pelo CTN, designa tanto a situação prescrita em lei como a situação fática que ensejará o surgimento da obrigação tributária.

As expressões "fato gerador" e "hipótese de incidência" são sinônimas quando nos referimos ao texto da lei instituidora do tributo. Se adotarmos a hipótese de incidência, devemos, por coerência, utilizar a expressão "fato imponível" (Ataliba, Geraldo, *op. cit.*, p. 55) ou "fato jurídico tributável" para nos referirmos à situação fática sobre a qual a lei incidirá. (Essa questão terminológica é tratada por Luís Eduardo Schoueri em "Fato gerador da obrigação tributária". In: Schoueri, Luís Eduardo (coord.). *Direito Tributário*, p. 127-38.)

Hipótese de incidência é a situação descrita em lei, recortada pelo legislador dentre inúmeros fatos do mundo fenomênico, a qual, uma vez concretizada, enseja o surgimento da obrigação principal (fato gerador).

A obrigação tributária nasce no momento em que surge concretamente o fato gerador.

Paulo de Barros Carvalho, visando, de um lado, a manter um rigor normativo e, de outro, facilitar a verificação da incidência ou não dos tributos, isto é, facilitar a verificação se no caso examinado o fato subsume-se (enquadra-se)* à lei, defende que a norma instituidora do tributo pode ser decomposta em aspectos ou critérios, que se articulam para compor a regra-matriz de incidência tributária (*op. cit.*, p. 236-76).

Adota-se, aqui, a expressão consagrada pelo CTN e de largo uso pela doutrina e pelos aplicadores do Direito: fato gerador.

ASPECTOS DO FATO GERADOR

Aspecto material
É a descrição de um comportamento de pessoas físicas ou jurídicas com conteúdo econômico que dá ensejo a uma obrigação tributária. Por exemplo: importar mercadorias, circular mercadorias, ser proprietário de imóvel em perímetro urbano, industrializar mercadorias, auferir renda.

Aspecto quantitativo
Indica o objeto da prestação, isto é, o valor pecuniário da dívida, a ser paga pelo sujeito passivo, a título de tributo. É formado pela base de cálculo e pela alíquota.

Base de cálculo é um valor ou unidade de medida sobre o qual será aplicada a alíquota para obter o valor do tributo a ser pago.

A alíquota pode ser:
- *ad valorem*: percentual a ser aplicado sobre a base de cálculo (ex.: a alíquota do ISS é de 5% e será aplicada sobre o valor dos serviços, que é a base de cálculo).
- específica: valor relacionado a uma unidade de medida (ex.: R$ 0,50 por litro).

---

* Segundo Geraldo Ataliba, "subsunção é o fenômeno de um fato configurar rigorosamente a previsão hipotética da lei" (*op. cit.*, p. 69).

Aspecto temporal

Determina o exato instante em que se considera ocorrido o fato gerador. O aspecto temporal pode ser explícito ou implícito, mas sempre está presente.

Em se tratando de negócios jurídicos condicionais, considera-se ocorrido o fato gerador:

- se a condição for suspensiva (evento futuro e incerto de cuja realização se faz depender os efeitos do ato), no momento de seu implemento, vale dizer, no momento em que se realiza a condição (ex.: doação condicionada ao casamento);
- se a condição for resolutória (evento futuro e incerto de cuja realização se faz decorrer o desfazimento do ato), desde o momento em que o ato ou negócio jurídico foi celebrado, sendo, nesse caso, inteiramente irrelevante a condição (ex.: casamento desfazendo doação que foi feita sob a condição de o donatário não se casar – art. 117, CTN).

Aspecto espacial

Estabelece o local da ocorrência do fato gerador.

A determinação do aspecto espacial do fato gerador é crucial para a identificação do sujeito ativo da obrigação tributária. Muitas vezes, o critério espacial não está expresso, mas sim implícito. É opção do legislador trazer detalhadamente a composição do critério espacial ou apenas dar indícios sobre ele.

Aspecto subjetivo ou pessoal

Aponta quem são os sujeitos da relação jurídica tributária: credor (sujeito ativo) e devedor (sujeito passivo). Demonstra os polos subjetivos, com interesses antagônicos, um com o direito subjetivo de exigir a prestação pecuniária e o outro com o dever jurídico de recolher certa quantia aos cofres públicos.

Sujeito ativo – capacidade tributária ativa

Segundo o artigo 119 do CTN, sujeito ativo da obrigação tributária é a pessoa jurídica de direito público titular da competência para exigir seu cumprimento.

A leitura desse artigo pode levar a uma confusão entre titular da competência tributária e sujeito ativo, mas, como visto quando se analisou a parafiscalidade, tais conceitos não se confundem.

Na verdade, o sujeito ativo é o titular do direito subjetivo de exigir a prestação pecuniária, podendo ser pessoa jurídica pública ou privada no Direito brasileiro. Quando a lei não tratar explicitamente quem será o sujeito ativo da relação jurídica tributária, presume-se que será a própria pessoa de direito público instituidora da exação tributária.

Na maioria dos casos, a pessoa jurídica de direito público é aquela que detém também a competência tributária. O INSS era uma exceção, pois é uma autarquia, pessoa jurídica de direito público, que figurava como sujeito ativo de algumas contribuições sociais para a seguridade social que estavam no campo da competência constitucional da União.

Com a Lei 11.457/07 (Lei da Super Receita) foi criada a Secretaria da Receita Federal do Brasil, que passou a administrar todos os tributos federais, incluindo aqueles que eram administrados pela antiga Secretaria da Receita Federal e pelo INSS.

Ressalte-se que o INSS não foi extinto, mas continuou com as atribuições não relacionadas à administração de tributos.

Algumas pessoas jurídicas de direito privado recebem capacidade tributária ativa e são denominadas entidades paraestatais (ex.: empresas públicas, sociedades de economia mista, serviços sociais autônomos, como Senai, Sesc, Senac).

No caso de desmembramento territorial de pessoa jurídica de direito público (criação de Estado, Território ou Município), o novo ente aplicará a legislação tributária daquele que lhe deu origem até que edite a própria (art. 120, CTN).

Sujeito passivo

Sujeito passivo da obrigação principal

O sujeito passivo da obrigação tributária principal é a pessoa, sujeito de direitos, física ou jurídica, privada ou pública, de quem se exige o cumprimento da prestação pecuniária, devida a título de tributo (art. 121, *caput*, CTN).

Pode ser:

- **Contribuinte** – Aquele que tem relação direta e pessoal com a situação que constitua o respectivo fato gerador (art. 121, parágrafo único, I, CTN).
- **Responsável** – Aquele que, sem ser contribuinte, isto é, sem ter relação direta e pessoal com o fato gerador, tem a obrigação de pagar o tributo. Essa obrigação decorre de dispositivo expresso em lei; assim, o legislador, ao criar um tributo, poderá, além do contribuinte, eleger como sujeito passivo outra pessoa: o responsável tributário (art. 121, parágrafo único, II, CTN).

CAPACIDADE CIVIL X CAPACIDADE TRIBUTÁRIA

A capacidade tributária, ou seja, a capacidade para figurar no polo passivo da obrigação tributária, independe da capacidade civil. Portanto, o incapaz (incapacidade relativa ou absoluta), a sociedade de fato ou as pessoas que tenham alguma limitação no exercício das atividades civis, comerciais ou profissionais poderão ser sujeitos passivos de uma obrigação tributária (art. 126, CTN).

Sujeito passivo das obrigações acessórias (deveres instrumentais)

No caso das obrigações acessórias ou dos deveres instrumentais, é irrelevante a divisão entre contribuinte e responsável, pois o sujeito passivo da obrigação acessória é a pessoa obrigada às prestações que constituam seu objeto, conforme os interesses da arrecadação ou da fiscalização dos tributos (art. 122, CTN), independentemente de ter ou não relação com o fato gerador da obrigação principal.

É importante ressaltar que, nos casos nos quais o contribuinte ou responsável não esteja vinculado a alguma obrigação principal, a obrigação acessória subsiste. Isso acontece, por exemplo, com aqueles que se aposentam por força de alguma moléstia grave, tornando-se isentos de recolher o IR, mas nem por isso ficando dispensados de apresentar sua declaração anual de rendimentos.

Inoponibilidade das convenções particulares

As convenções particulares (cláusulas contratuais relativas a um negócio entre particulares) relativas à responsabilidade pelo pagamento de tributos não podem ser opostas à Fazenda Pública para modificar a definição legal do sujeito passivo das obrigações tributárias respectivas, salvo expressa previsão legal (art. 123, CTN).

Tais convenções, juridicamente válidas, podem ser feitas entre as partes contratantes, mas não produzem nenhum efeito contra a Fazenda Pública. Por exemplo: no contrato de locação, a obrigação de pagar o IPTU pode ser atribuída ao locatário, porém tal convenção é irrelevante para o Fisco, que exigirá o pagamento do imposto do sujeito passivo eleito pela lei, qual seja, o proprietário, o locador; seguindo o mesmo raciocínio, o locatário (inquilino) não tem legitimidade para demandar judicialmente o ente tributante para discutir a exigência indevida do IPTU ou de outros tributos sobre o imóvel.

Domicílio tributário

O contribuinte ou responsável pode indicar seu domicílio tributário ao Fisco (domicílio eleito ou de eleição), porém este pode recusar tal domicílio quando impossibilite ou dificulte a arrecadação ou a fiscalização do tributo.

Se não houve eleição do domicílio pelo interessado, será considerado como tal:

- para as pessoas naturais, sua residência habitual ou, na impossibilidade de identificá-la, seu centro habitual de atividades;
- para as pessoas jurídicas de direito privado ou as firmas individuais, o lugar de sua sede ou, em relação aos atos ou fatos que derem origem à obrigação, o lugar de seu estabelecimento;
- para as pessoas jurídicas de direito público, qualquer de suas repartições.

Quando não for possível enquadrar o caso em nenhum dos itens acima ou na circunstância de recusa pelo Fisco do domicílio eleito, será considerado domicílio tributário o lugar da situação dos bens ou da ocorrência do fato gerador (art. 127, CTN).

EM RESUMO

OBRIGAÇÃO TRIBUTÁRIA, SUJEITO ATIVO E SUJEITO PASSIVO

Obrigação tributária
É o vínculo entre o sujeito ativo (Fisco) e o sujeito passivo em função de uma prestação de cunho patrimonial.

OBRIGAÇÃO PRINCIPAL
É a obrigação tributária instituída por lei que tem por objeto a entrega de determinado montante em dinheiro aos cofres públicos.

OBRIGAÇÃO ACESSÓRIA
É a obrigação tributária instituída por lei que tem por objeto fazer ou deixar de fazer algo no interesse da arrecadação ou fiscalização dos tributos.

DESCUMPRIMENTO DE OBRIGAÇÃO ACESSÓRIA
A obrigação tributária acessória não cumprida se converte em principal no que tange à penalidade pecuniária.

Fato gerador
O fato gerador da obrigação principal é a situação definida em lei como necessária e suficiente a sua ocorrência. Compõe-se dos seguintes aspectos:
- **Aspecto material** – É a descrição de um comportamento de pessoas físicas ou jurídicas que dá ensejo a uma obrigação tributária.
- **Aspecto quantitativo** – Indica o valor a ser pago pelo sujeito passivo.
- **Aspecto temporal** – Determina o exato instante em que se considera ocorrido o fato gerador.
- **Aspecto espacial** – Estabelece o local da ocorrência do fato gerador.
- **Aspecto subjetivo** – Aponta quem são os sujeitos da relação jurídica tributária (sujeito ativo e sujeito passivo).

Sujeito ativo
É a pessoa jurídica de direito público titular da competência para exigir o cumprimento da obrigação tributária.

Sujeito passivo da obrigação principal
Pode ser:
- **Contribuinte** – Tem relação pessoal e direta com o fato gerador.
- **Responsável** – Sem ser contribuinte, tem algum vínculo com o fato gerador e a lei lhe atribui a condição de responsável.

Convenções particulares não podem ser opostas à Fazenda Pública.
Capacidade tributária independe da capacidade civil.

Sujeito passivo da obrigação acessória
É qualquer pessoa obrigada a fazer ou deixar de fazer algo no interesse da fiscalização dos tributos, não importando se é contribuinte ou responsável.

Domicílio tributário
Excluindo-se os casos para os quais a legislação tributária limita a escolha do domicílio, a regra é a eleição pelo contribuinte de seu domicílio tributário. Este poderá ser recusado pelo Fisco se dificultar ou impedir a fiscalização ou arrecadação do tributo.

PRESTE ATENÇÃO

1. **Obrigação *ex lege*** – A obrigação tributária decorre da lei (*ex lege*) e não de contrato (*ex voluntate*).
2. **Capacidade tributária não tem relação com a capacidade civil** – A capacidade civil não tem qualquer significado para sabermos se surgiu ou não uma obrigação tributária. Basta que seja praticado um fato gerador para que qualquer tipo de pessoa esteja obrigada ao pagamento do tributo.

Responsabilidade Tributária

A lei pode atribuir a responsabilidade de pagar um tributo a terceira pessoa que esteja vinculada ao fato gerador, seja de forma exclusiva, afastando o contribuinte da relação jurídica com o Fisco, seja em conjunto com o contribuinte que será chamado a cumprir a obrigação de pagar o tributo de forma subsidiária, ou seja, se o responsável não o fizer (art. 128, CTN).

Espécies de responsabilidade tributária

As espécies de responsabilidade tributária podem ser classificadas quanto a seus efeitos e quanto ao momento de seu surgimento.

Responsabilidade tributária quanto a seus efeitos

RESPONSABILIDADE INTEGRAL
Quando há atribuição de responsabilidade integral, o contribuinte fica dispensado do pagamento do tributo. É o caso do estabelecimento ou fundo de comércio sucessor, abordado na página 71.

RESPONSABILIDADE SUBSIDIÁRIA
Na responsabilidade subsidiária, é necessário primeiro cobrar o tributo do contribuinte (benefício de ordem) para depois, não havendo o pagamento integral, cobrar a diferença do responsável.

RESPONSABILIDADE SOLIDÁRIA OU SOLIDARIEDADE
A solidariedade ocorre quando duas ou mais pessoas são simultaneamente obrigadas a recolher o tributo, sendo sempre decorrente de lei. A solidariedade passiva possibilita ao credor (Fisco) cobrar o tributo de qualquer um dos responsáveis solidários.

O artigo 124 do CTN prevê que são solidariamente obrigadas:
a) as pessoas que tenham interesse comum na situação que constitua o fato gerador da obrigação principal (solidariedade de fato);
b) as pessoas expressamente designadas em lei (solidariedade de direito).

Apenas para elucidar melhor o que vem a ser "interesse comum", pressuposto da solidariedade (art. 124, I, CTN), convém mencionar o exemplo de um imóvel urbano pertencente a um casal. Ambos os cônjuges, casados em comunhão de bens, encontram-se solidariamente obrigados ao pagamento do IPTU, tendo o Fisco a faculdade de cobrar de qualquer um deles o adimplemento da obrigação tributária.

Também são solidariamente obrigadas as pessoas expressamente designadas em lei, isto é, a lei pode estabelecer solidariedade entre pessoas que não tenham interesse comum na situação que constitui o fato gerador do tributo.

Se há interesse comum, a solidariedade decorre do próprio CTN; se não há interesse comum, a existência da solidariedade depende de previsão legal.

Importante observar que a lei, ao estabelecer a solidariedade, não pode escolher qualquer pessoa para ser responsável solidário. É preciso que a condição exigida no artigo 128 do CTN seja observada, ou seja, que o responsável solidário escolhido pela lei esteja de alguma forma vinculado ao fato gerador da obrigação tributária, embora não possua interesse comum com o contribuinte no mesmo fato. Não sendo assim, a lei estará violando a norma geral sobre responsabilidade tributária.

Efeitos da solidariedade

Segundo o artigo 124 do CTN, nenhum dos co-obrigados pode invocar benefício de ordem a fim de que, eventualmente, sejam executados em primeiro lugar bens de um suposto devedor principal, como ocorre em determinadas situações regidas pelo Direito Civil (art. 827, CC: "O fiador demandado pelo pagamento da dívida tem direito de exigir, até a contestação da lide, que sejam primeiro excutidos os bens do devedor"). Significa dizer que a pessoa que, por possuir interesse comum no fato gerador ou por determinação legal, é considerada responsável solidária não poderá exigir que o crédito tributário seja cobrado primeiro do contribuinte. O Fisco pode cobrar a dívida integral do contribuinte ou do responsável solidário, em qualquer ordem e conforme os interesses da Fazenda Pública.

Salvo disposição de lei em contrário, os efeitos da solidariedade são os seguintes (art. 125, CTN):
a) o pagamento efetuado por um dos obrigados aproveita (beneficia) aos demais;

b) a isenção ou remissão, se não outorgada pessoalmente (isenção ou remissão objetiva), também beneficia os co-obrigados; se for outorgada pessoalmente (isenção ou remissão subjetiva), os demais permanecerão solidários pelo saldo;
c) a interrupção da prescrição para um dos obrigados favorece ou prejudica a todos.

Responsabilidade tributária quanto ao momento de seu surgimento

Quanto ao momento do surgimento, a responsabilidade tributária pode ser por transferência ou por substituição. A diferença entre elas diz respeito ao momento em que determinada pessoa ingressa no polo passivo da obrigação, ocupando a posição de devedor.

RESPONSABILIDADE POR TRANSFERÊNCIA

Ocorre quando existe legalmente o contribuinte e, mesmo assim, o legislador, sem ignorá-lo, atribui a outrem o dever de pagar o tributo, tendo em vista eventos posteriores à ocorrência do fato gerador. A obrigação tributária nasce inicialmente contra o contribuinte, para depois, em virtude de fato posterior, ser transferida para o responsável tributário.

Há duas modalidades de responsabilidade por transferência: responsabilidade dos sucessores e responsabilidade de terceiros.

Responsabilidade dos sucessores – *Arts. 129 a 133, CTN*

Adquirentes

O IPTU, o ITR, as taxas e as contribuições de melhoria referentes a imóveis transferidos deverão ser pagos pelo adquirente, mesmo se relativos a períodos anteriores à transferência de propriedade, salvo se no título de transferência do direito há prova de sua quitação (art. 130, CTN). Assim, se alguém vende um terreno com débito de imposto territorial, taxa ou contribuição de melhoria, o adquirente fica obrigado ao respectivo pagamento, salvo se na escritura de compra e venda constar a certidão do sujeito ativo do tributo de quitação dos débitos tributários.

Além desses casos de transferência de imóveis, a transferência de propriedade de quaisquer bens importa em transferir a responsabilidade de pagamento dos tributos devidos pelos bens adquiridos ou remidos (art. 131, I, CTN), qualquer que tenha sido o fato gerador. Observe-se que não há limitação do valor do débito ao valor do imóvel, ou seja, os débitos podem ser maiores que o valor do imóvel adquirido ou remido.

No caso dos imóveis arrematados em hasta pública, o arrematante não será responsável por tributos anteriores à aquisição (art. 130, parágrafo único, CTN), ou seja, o arrematante recebe o imóvel livre e desembaraçado de qualquer dívida tributária.

Espólio

O espólio é responsável pelos tributos devidos pelo *de cujus* (pessoa falecida) até a data da abertura da sucessão (morte) (art. 131, III, CTN). A partir dessa data, é o próprio espólio que será contribuinte dos tributos até a data da partilha ou da adjudicação dos bens.

O CTN trata dos tributos e não das multas. Assim, ao considerarmos a pessoalidade das punições, poderíamos concluir que o espólio não responderá por qualquer tipo de multa que já foi ou poderia ser imposta ao *de cujus*. Contudo, tanto o STF como o STJ têm adotado o entendimento de que o espólio responde pelas multas moratórias aplicáveis a fatos geradores anteriores à abertura da sucessão, mas não pelas multas punitivas em sentido estrito (RE 77.187/SP, STF; RESP 295.222/SP, STJ).

Herdeiros e cônjuge meeiro

O sucessor a qualquer título (aquele que passa a ser proprietário em virtude do falecimento do proprietário anterior) e o cônjuge meeiro (cônjuge sobrevivente) são responsáveis pelos tributos devidos pelo autor da herança até a data da partilha ou adjudicação, limitada essa responsabilidade ao montante do quinhão, do legado ou da meação (art. 130, II, CTN). Portanto, quem recebe por herança um imóvel no valor de R$ 30.000,00 será responsável por pagar os tributos relativos ao imóvel até o valor de R$ 30.000,00, ainda que o total de tributos supere tal valor.

Vale lembrar que os herdeiros são solidários quanto aos efeitos da responsabilidade (art. 276, CC).

Pessoa jurídica sucessora

A pessoa jurídica de direto privado que resultar de fusão, transformação ou incorporação de outra ou em outra é responsável pelos tributos devidos até a data do ato pelas pessoas jurídicas de direito privado fusionadas, transformadas ou incorporadas (art. 132, *caput*, CTN).

Tal dispositivo deve ser interpretado como incluindo os casos de cisão, já que a previsão jurídica de tal operação surge com a Lei 6.404/76 (Lei das Sociedades por Ações, de 15/12/1976), que é posterior ao CTN (Machado, Hugo de Brito, *op. cit.*, p. 158-9). Ademais, o § 1.º do artigo 229 dessa lei determina que a sociedade cindida que subsistir responde pelas obrigações da sociedade cindida que desaparecer.

Definição de Fusão, Transformação, Incorporação e Cisão

Fusão – União de sociedades para formar sociedade nova, com a extinção das anteriores (art. 1.119, CC).
Transformação – Modificação substancial da sociedade, principalmente quanto a seu objeto social (art. 1.113, CC).
Incorporação – Absorção de uma ou mais sociedades por outra (art. 1.116, CC).
Cisão – Operação pela qual a companhia transfere parcelas de seu patrimônio para uma ou mais sociedades, constituídas para esse fim ou já existentes, extinguindo-se a companhia cindida, se houver versão de todo o seu patrimônio, ou dividindo-se seu capital, se parcial a versão (art. 229, Lei 6.404/76).

A mesma responsabilidade aplica-se para o caso de extinção de pessoa jurídica de direito privado quando qualquer sócio remanescente, ou seu espólio, continuar a exploração da respectiva atividade, sob a mesma ou outra razão social ou sob firma individual (art. 132, parágrafo único, CTN).

Estabelecimento ou fundo de comércio sucessor

A pessoa natural ou jurídica de direito privado que adquirir de outra, por qualquer título, fundo de comércio ou estabelecimento comercial, industrial ou profissional e continuar a respectiva exploração, sob a mesma ou outra razão social ou sob firma ou nome individual, responde pelos tributos relativos ao fundo ou estabelecimento adquirido (art. 133, CTN).

Definição de Estabelecimento e Fundo de Comércio

Estabelecimento – Conjunto de bens, corpóreos e incorpóreos, organizado para o exercício da empresa (art. 1.142, CC).
Fundo de comércio – Bem incorpóreo que comumente é denominado "ponto" e que envolve, principalmente, a clientela da empresa.
Estabelecimento é, portanto, um conceito mais amplo, que inclui o fundo de comércio, além do estoque, dos equipamentos e outros bens materiais.

Tal responsabilidade poderá ser integral ou subsidiária. Será **integral**, respondendo somente o adquirente, se o alienante cessar a exploração do comércio, da indústria ou da atividade; **subsidiária**, cobrando-se a dívida primeiro do alienante e, caso este não pague a totalidade, cobrando-se a diferença do adquirente, se o alienante prosseguir na exploração ou iniciar dentro de seis meses, a contar da data da alienação, nova atividade no mesmo ou em outro ramo de comércio, indústria ou profissão.

Com a nova Lei de Falências (Lei 11.101/05), o artigo 133 do CTN foi modificado pela LC 118/05, de modo que a responsabilidade do adquirente é afastada quando este adquire em alienação judicial ou processo de recuperação judicial (antiga concordata) estabelecimento ou fundo de comércio. Esse afastamento da responsabilidade do adquirente não subsistirá se este for (art. 133, § 1.º e 2.º, CTN):
- sócio da sociedade falida ou em recuperação judicial ou da sociedade controlada pelo devedor falido ou em recuperação judicial;
- parente, em linha reta ou colateral até o quarto grau, consanguíneo ou afim, do devedor falido ou em recuperação judicial ou de qualquer de seus sócios;
- identificado como agente do falido ou do devedor em recuperação judicial com o objetivo de fraudar a sucessão tributária.

Responsabilidade de terceiros – *Arts. 134 e 135, CTN*

Por interveniência no ato
Com relação à responsabilidade de terceiros sobre a obrigação principal, duas condições devem existir (Machado, Hugo de Brito, *op. cit.*, p. 161):
1. que o contribuinte não possa cumprir sua obrigação;
2. que o terceiro tenha participado do ato que configure o fato gerador do tributo, ou em relação a este se tenha indevidamente omitido.

Nessa modalidade incluem-se:
- **a)** pais, pelos tributos devidos por seus filhos menores;
- **b)** tutores e curadores, pelos tributos devidos por seus tutelados e curatelados;
- **c)** administradores de bens de terceiros, pelos tributos devidos por estes;
- **d)** o inventariante, pelos tributos devidos pelo espólio;
- **e)** o síndico e o comissário, pelos tributos devidos pela massa falida e pelo concordatário. Com a entrada em vigor da nova Lei de Falências (Lei 11.101/05), o síndico e o comissário passaram a ser ambos denominados administrador judicial, e a concordata, a ser denominada recuperação judicial, podendo haver hipótese de recuperação extrajudicial. Quanto às falências e concordatas decretadas antes da vigência da nova lei, ainda serão válidas tais denominações;
- **f)** os tabeliães, escrivães e demais serventuários de ofício, pelos tributos devidos sobre os atos praticados por eles, ou perante eles, em razão de seu ofício;
- **g)** os sócios, no caso de liquidação de sociedade de pessoas.

Embora a segunda parte do *caput* do artigo 134 do CTN traga a expressão "respondem solidariamente", a parte inicial não deixa dúvida que a responsabilidade nesses casos é subsidiária e não solidária, uma vez que só serão responsáveis nos casos de impossibilidade de exigência do cumprimento da obrigação principal do contribuinte.

Por atuação com excesso de poderes, infração à lei, ao contrato social ou ao estatuto

Quando, além da simples intervenção no ato que deu ensejo ao fato gerador do tributo, houver atuação com excesso de poderes, infração à lei, ao contrato social ou ao estatuto, haverá responsabilização pessoal, excluindo-se do polo passivo o contribuinte, que fica dispensado de qualquer responsabilidade no pagamento do tributo.

Estão enquadrados no caso (art. 135, CTN):

a) as pessoas que respondem por interveniência no ato que foram mencionadas no item anterior;
b) os mandatários, prepostos e empregados;
c) os diretores, gerentes ou representantes de pessoas jurídicas de direito privado.

RESPONSABILIDADE POR SUBSTITUIÇÃO OU SUBSTITUIÇÃO TRIBUTÁRIA

Ocorre quando a lei coloca como sujeito passivo da relação tributária uma pessoa qualquer, diversa daquela de cuja capacidade contributiva o fato tributável é indicador (contribuinte). Nesse caso, frise-se, é o próprio legislador, e não algum evento futuro, quem, previamente, afasta o contribuinte e o substitui pelo responsável. Importante constatação é a de que a substituição tributária estará sempre subordinada ao basilar princípio da legalidade, "não podendo a lei cometê-la ao regulamento" (RESP 0101774-96/SP, STJ).

Um exemplo é o Imposto de Renda na fonte, em que o contribuinte é o empregado – aquele que pratica o fato gerador (aufere renda), mas o responsável pelo recolhimento é o empregador. O empregado é chamado de substituído e o empregador de substituto. Este, em decorrência de lei, é obrigado ao pagamento do imposto em lugar do contribuinte. No entanto, caso a fonte não retenha o respectivo imposto, o beneficiário da renda deverá proceder a seu recolhimento, cumprindo a obrigação subsidiária, conforme previsto no artigo 128 do CTN.

A substituição tributária pode ser dividida em substituição "para trás" ou "para frente", dependendo de terem ou não ocorridos os respectivos fatos geradores.

SUBSTITUIÇÃO TRIBUTÁRIA "PARA TRÁS"

Ocorre quando a responsabilidade pelo recolhimento do tributo é atribuída pela lei à pessoa que se encontra no meio ou no fim da cadeia produtiva com relação a fatos geradores já ocorridos em operações anteriores (ex.: recolhimento, na fábrica, do ICMS devido pelo produtor agrícola).

SUBSTITUIÇÃO TRIBUTÁRIA "PARA FRENTE"

Ocorre quando a responsabilidade pelo recolhimento do tributo é atribuída pela lei à pessoa que se encontra no início ou no meio da cadeia produtiva com relação a fatos geradores ainda não ocorridos (ex.: ICMS de cigarros, bebidas, remédios e combustíveis).

Até o advento da EC 3/93, muitas dúvidas eram suscitadas sobre a constitucionalidade de tal hipótese de substituição, uma vez que estava sendo cobrado tributo sem que houvesse o correspondente fato gerador. Após a EC 3/93, ficou expressamente permitida essa hipótese no artigo 150, § 7.º, da CF, assegurada a imediata e preferencial restituição da quantia paga, caso não se realize o fato gerador presumido.

O Supremo Tribunal Federal (ADI 1851/AL) decidiu, por maioria, que essa norma não determina a restituição nos casos em que o fato gerador tenha ocorrido, mas em valor menor que o presumido. Vale dizer, só terá direito à restituição o contribuinte que demonstrar que o fato gerador presumido não ocorreu, mas não aquele que demonstrar que o fato gerador ocorreu em montante inferior ao presumido. Há decisão do STJ em sentido diverso (STJ: RESP 279.416/SP), mas, sendo norma de natureza constitucional, o entendimento jurisprudencial que prevalece é o do STF.

Exemplos de substituição tributária "para frente": ICMS de cigarros, bebidas, remédios e combustíveis.

Responsabilidade por infrações

Salvo disposição de lei em contrário, a responsabilidade por infrações da legislação tributária independe da intenção do agente ou do responsável, e da efetividade, natureza e extensão dos efeitos do ato (art. 136, CTN).

Nesse ponto, o Direito Tributário marca nítida diferença com o que se verifica no Direito Penal. No Direito Penal, a imputabilidade sempre depende da subjetividade e, mais do que isso, as consequências do crime influem na pena conferida ao "infrator". Isso não ocorre no Direito Tributário, pois neste não é necessário dolo para que seja configurada uma infração.

Responsabilidade pessoal por infrações

Ocorrerá a responsabilização pessoal do agente nos seguintes casos (art. 137, CTN):

a) quando a infração for capitulada como crime ou contravenção penal, salvo se praticadas no exercício regular de administração, mandato, função, cargo ou emprego ou no cumprimento de ordem expressa emitida por quem de direito;

b) quando a infração tiver como circunstância elementar o dolo específico do agente;

c) quanto às infrações que decorram direta e exclusivamente de dolo específico:
- das pessoas cuja responsabilidade está relacionada à interveniência no ato (art. 134, CTN), contra aquelas por quem respondem;
- dos mandatários, prepostos ou empregados, contra seus mandantes, preponentes ou empregadores;
- dos diretores, gerentes ou representantes de pessoas jurídicas de direito privado, contra estas.

Lembrando as lições da parte geral do Direito Penal, o dolo genérico é a vontade de realizar o fato descrito na lei, enquanto dolo específico é a vontade de realizar o fato com um fim especial (obter vantagem indevida, por exemplo).

Denúncia espontânea

A responsabilidade é excluída pela denúncia espontânea da infração, acompanhada, se for o caso, do pagamento do tributo devido e dos juros de mora ou do depósito da importância arbitrada pela autoridade administrativa, quando o montante do tributo depender de apuração.

A denúncia espontânea da infração exclui qualquer penalidade, inclusive a multa de mora, segundo os tribunais superiores têm decidido (RE 106.068/SP, STF). Não será considerada espontânea a denúncia que for apresentada quando já iniciado algum procedimento administrativo relacionado com a infração (art. 138, CTN).

Denúncia espontânea e parcelamento

A confissão de dívida acompanhada de pedido de parcelamento desta não configura denúncia espontânea (RESP 378.795/GO, STJ; ARAI 86.396-6/SC, STF). Essa posição jurisprudencial, além de fundamentada no artigo 138, está em consonância com o § 1.º do artigo 155-A do CTN.

Denúncia espontânea e obrigação acessória

O artigo 138 do CTN não poderá ser aplicado quando o sujeito passivo informar ao Fisco o descumprimento de obrigação acessória. Vale dizer, tendo descumprido obrigação acessória e informado ao Fisco voluntariamente e antes de qualquer ato da fiscalização, ainda assim o sujeito passivo sofrerá a sanção prevista (RESP 529.311/RS, STJ). Caso comum é o atraso na entrega da declaração de ajuste anual do Imposto de Renda das pessoas físicas: ultrapassado o prazo da legislação, o contribuinte estará sujeito à multa por atraso na entrega da declaração mesmo que pague o imposto apurado na declaração no momento da entrega voluntária desta.

Em Resumo

RESPONSABILIDADE TRIBUTÁRIA

Responsabilidade tributária quanto a seus efeitos
- **Responsabilidade integral** – Afasta a do contribuinte.
- **Responsabilidade subsidiária** – O tributo deve ser cobrado primeiro do devedor principal.
- **Responsabilidade solidária** – Duas ou mais pessoas são simultaneamente obrigadas a recolher o tributo, sendo sempre decorrente de lei; pode ser por interesse comum (CTN) ou definida em lei ordinária.

Responsabilidade tributária quanto ao momento de seu surgimento
- **Responsabilidade por transferência** – Surge, segundo previsão legal, por eventos posteriores ao fato gerador. Divide-se em:
  - **Responsabilidade dos sucessores:** adquirente de imóvel, do espólio, dos herdeiros e do cônjuge meeiro, da pessoa jurídica sucessora e da compra de estabelecimento ou fundo de comércio.
  - **Responsabilidade de terceiros:** por interveniência no ato ou por atuação com excesso de poderes, infração à lei, ao contrato social ou ao estatuto.
- **Responsabilidade por substituição** – Ocorre substituição tributária quando o legislador previamente afasta o contribuinte e o substitui pelo responsável.
  - **Substituição "para trás":** em relação a fatos geradores já ocorridos em etapa anterior da cadeia produtiva.
  - **Substituição "para frente":** em relação a fatos geradores ainda não ocorridos em etapa posterior da cadeia produtiva.

Responsabilidade por infrações
Independe da intenção; será pessoal do agente se relativa a fato que também seja crime.

Denúncia espontânea
Dispensa o pagamento de multa, mas só fica caracterizada se acompanhada do pagamento do tributo devido e antes que o Fisco tenha tomado qualquer medida em relação à infração.

Preste Atenção

1. **Efeitos da solidariedade tributária** – Não comporta benefício de ordem; o pagamento feito por um beneficia os demais; a isenção ou remissão a um beneficia os outros, salvo se for pessoal; a interrupção da prescrição para um dos obrigados favorece ou prejudica os demais.
2. **Responsabilidade de sucessores** – No caso de adquirente de imóvel, se na escritura de compra e venda constar a certidão do sujeito ativo do tributo de quitação dos débitos tributários, fica afastada a responsabilidade pelo pagamento de tributos anteriores à aquisição.
3. **Responsabilidade do adquirente de imóvel em leilão** – O adquirente não responde por tributos devidos antes da data da hasta pública.
4. **Responsabilidade tributária nos casos de fusão, cisão ou incorporação** – A pessoa jurídica sucessora responderá pelos tributos devidos até a data do ato que marcou a sucessão.
5. **Responsabilidade pela compra de estabelecimento ou fundo de comércio** – A regra é que seja responsabilidade integral, mas será subsidiária se o alienante continuar a exploração alienante na exploração ou iniciar em seis meses, a contar da data da alienação, nova atividade no mesmo ou em outro ramo de comércio, indústria ou profissão. A responsabilidade do adquirente é afastada quando este adquire em alienação judicial ou processo de recuperação judicial (antiga concordata) estabelecimento ou fundo de comércio, salvo se for: sócio da sociedade falida, em recuperação judicial ou controlada pelo devedor falido ou em recuperação judicial; parente, em linha reta ou colateral até o quarto grau, consanguíneo ou afim, do devedor falido ou em recuperação judicial ou de qualquer de seus sócios; ou identificado como agente do falido ou do devedor em recuperação judicial a fim de fraudar a sucessão tributária.
6. **Responsabilidade por infrações** – Independe da intenção ou dolo do agente.
7. **Denúncia espontânea** – A confissão de dívida acompanhada de pedido de parcelamento desta não configura denúncia espontânea. O instituto da denúncia espontânea não se aplica aos casos de descumprimento de obrigação acessória.

CRÉDITO TRIBUTÁRIO

Conceito

Crédito tributário é o vínculo jurídico por força do qual o sujeito ativo pode exigir do sujeito passivo (contribuinte ou responsável) o pagamento do tributo ou da penalidade pecuniária (objeto da relação obrigacional).

Com a ocorrência do fato gerador, nasce a obrigação tributária, mas, como o CTN distingue a obrigação tributária do crédito tributário, somos impelidos a afirmar que este só nasce com o lançamento tributário. Ou seja, com a existência somente da obrigação tributária, o Estado ainda não detém poder para exigir o pagamento do tributo, sendo que sua cobrança só pode ser efetuada depois da constituição do crédito tributário. É com a constituição do crédito tributário que o Estado ganha poderes para exigir o pagamento do tributo, seja com medidas administrativas, seja judicialmente.

Constituição do crédito tributário – lançamento

Antes do lançamento, existe apenas a obrigação tributária, e é a começar dele que surge o crédito tributário. O lançamento é constitutivo do crédito tributário e declaratório da obrigação, estando na esfera de competência privativa da autoridade administrativa (art. 142, CTN).

Lançamento tributário

Definição

Lançamento tributário é o procedimento administrativo tendente a verificar a ocorrência do fato gerador da obrigação correspondente, identificar seu sujeito passivo, determinar a matéria tributável, calcular o montante do crédito tributário e, se for o caso, aplicar a penalidade cabível. É uma atividade administrativa vinculada e obrigatória, sob pena de responsabilidade funcional (art. 142, CTN).

Isso significa que, tomando conhecimento da ocorrência do fato gerador ou do descumprimento da obrigação acessória, a autoridade administrativa tem o dever de efetuar o lançamento tributário.

Modalidades de lançamento tributário

De acordo com o grau de colaboração do contribuinte ou responsável, o lançamento classifica-se em: lançamento direto ou de ofício, lançamento misto ou por declaração e lançamento por homologação.

LANÇAMENTO DIRETO OU DE OFÍCIO

É aquele efetuado pela autoridade administrativa sem qualquer colaboração do contribuinte, nos casos em que o sujeito ativo possui todos os dados necessários para efetuar o lançamento (ex.: IPTU, IPVA, auto de infração).

LANÇAMENTO MISTO OU POR DECLARAÇÃO

É aquele feito pela autoridade administrativa em face de declaração fornecida pelo sujeito passivo, que prestou informações a respeito da matéria tributável indispensável à efetivação do lançamento. Atualmente, raros são os tributos cujo lançamento seja tipicamente por declaração; em alguns casos, aplica-se ao ITCMD.

LANÇAMENTO POR HOMOLOGAÇÃO

Quando a legislação atribui ao sujeito passivo o dever de antecipar o pagamento sem prévio exame da autoridade administrativa no que concerne sua determinação, trata-se de um tributo que se utiliza do lançamento por homologação. Conclui-se pelo ato em que a autoridade, tomando conhecimento da determinação feita pelo sujeito passivo, expressamente a homologa (art. 150, CTN). Ocorre a homologação tácita do lançamento no prazo de cinco anos, a contar da ocorrência do fato gerador. Quase a totalidade dos tributos segue esse tipo de lançamento.

Aplicação da legislação tributária ao lançamento

Em relação à definição do fato gerador, da base de cálculo, da alíquota ou de outro critério de determinação de valor do tributo, assim como à identificação do sujeito passivo, considera-se a lei em vigor na data da ocorrência do fato gerador da obrigação respectiva. Portanto, o lançamento deve reger-se pela lei vigente por ocasião do nascimento da obrigação tributária, ainda que posteriormente modificada ou revogada (art. 144, *caput*, CTN).

Para as penalidades, por outro lado, aplica-se a lei mais favorável ao sujeito passivo (art. 106, CTN).

Quanto aos aspectos formais, ou seja, à parte simplesmente procedimental, e quanto aos poderes da fiscalização, a lei em vigor na data do lançamento é que deve ser aplicada (art. 144, § 1.º, CTN).

Para os tributos lançados por período certo de tempo, a legislação a ser levada em conta é aquela vigente na data em que a lei considera ocorrido o fato gerador e não aquela vigente no início do período de tempo considerado no lançamento (art. 144, § 2.º, CTN). Por exemplo: o Imposto de Renda das Pessoas Jurídicas tem entre as possíveis datas de ocorrência do fato gerador (pode ser trimestral, dependendo da escolha do contribuinte) o dia 31 de dezembro para o lucro apurado desde 1.º de janeiro do mesmo ano. Nesse caso, a lei a ser considerada é aquela vigente em 31 de dezembro do ano e não em 1.º de janeiro.

Alteração do lançamento tributário

A regra é a inalterabilidade do lançamento após sua conclusão, ou seja, após a notificação do sujeito passivo. O artigo 145 do CTN, entretanto, indica as hipóteses em que o lançamento devidamente notificado ao sujeito passivo poderá ser modificado:

I – impugnação do sujeito passivo. Se o sujeito passivo discordar do lançamento, a autoridade administrativa competente em apreciar a impugnação poderá alterá-lo parcial ou totalmente se concordar com as razões do impugnante;

II – recurso de ofício. É o recurso do próprio Fisco no curso do processo administrativo fiscal quando o lançamento for considerado improcedente em primeira instância;

III – iniciativa da própria autoridade administrativa nas situações que caracterizem a necessidade de revisão de ofício.

REVISÃO DE OFÍCIO DO LANÇAMENTO

"Revisão de ofício" significa uma revisão que não foi suscitada pelo sujeito passivo, mas pela própria administração tributária. Esta só poderá revisar um lançamento por declaração ou de ofício já notificado ao sujeito passivo em casos específicos e antes de transcorrido o prazo decadencial.

A revisão de ofício poderá ser feita (art. 149, CTN):

I – quando a lei assim o determine. O CTN autoriza que a lei expressamente amplie os casos possíveis de revisão de ofício;

II – quando a declaração não seja prestada, por quem de direito, no prazo e na forma da legislação tributária;

III – quando a pessoa legalmente obrigada, embora tenha prestado declaração nos termos do inciso anterior, deixe de atender, no prazo e na forma da legislação tributária, a pedido de esclarecimento formulado pela autoridade administrativa, recuse-se a prestá-lo ou não o preste satisfatoriamente, a juízo daquela autoridade;

IV – quando se comprove falsidade, erro ou omissão quanto a qualquer elemento definido na legislação tributária como sendo de declaração obrigatória.

Se for apurada alguma falsidade, erro ou omissão na declaração do sujeito passivo depois de efetuado o lançamento por declaração, poderá ser feita a revisão de ofício;
V – quando se comprove omissão ou inexatidão, por parte da pessoa legalmente obrigada, no exercício da atividade a que se refere o artigo 150;
VI – quando se comprove ação ou omissão do sujeito passivo, ou de terceiro legalmente obrigado, que dê lugar à aplicação de penalidade pecuniária;
VII – quando se comprove que o sujeito passivo, ou terceiro em benefício daquele, agiu com dolo, fraude ou simulação. É a circunstância na qual a conduta do sujeito passivo colaborou para que o lançamento anterior não expressasse toda a realidade do fato gerador;
VIII – quando deva ser apreciado fato não conhecido ou não provado por ocasião do lançamento anterior;
IX – quando se comprove que, no lançamento anterior, ocorreu fraude ou falta funcional da autoridade que o efetuou, ou omissão, pela mesma autoridade, de ato ou formalidade especial.

Existindo um lançamento por declaração ou um primeiro lançamento de ofício já notificado ao sujeito passivo e ocorrendo uma das hipóteses acima, tratar-se-á diante de um caso que enseja a revisão de ofício, e a autoridade administrativa iniciará o procedimento cabível.

Um exemplo típico é o IPTU. Em 2003, o Fisco municipal, sabendo da existência de um imóvel urbano de 200 metros quadrados, efetua o lançamento de ofício do IPTU. Dois anos depois, um fato não conhecido vem ao conhecimento da municipalidade: naquele ano, o imóvel já havia sido ampliado para 300 metros quadrados e o contribuinte não havia informado tal fato ao Fisco. Então, terá início um procedimento de revisão de ofício e, comprovado que em 2003 o imóvel possuía valor venal superior ao considerado no lançamento anterior por força de fato à época não conhecido, haverá novo lançamento de ofício do IPTU de 2003, nos termos do artigo 149, VIII, do CTN.

Observe-se que, sendo o lançamento a ser modificado decorrente de lançamento por homologação, não será um caso de revisão de ofício, e sim um procedimento normal de lançamento, que poderá resultar em um primeiro lançamento de ofício, até com a aplicação de penalidades (art. 142, CTN).

Suspensão da exigibilidade do crédito tributário

Como visto, o crédito tributário só pode ser exigido pelo sujeito ativo desde a efetivação do lançamento tributário. Assim, a exigibilidade do crédito depende do lançamento tributário. Pode ocorrer, no entanto, que o devedor fique protegido, temporariamente, contra atos de cobrança da autoridade administrativa, em razão de alguma das causas de suspensão da exigibilidade do crédito tributário.

Suspendem a exigibilidade do crédito tributário (art. 151, CTN): a moratória; o parcelamento; o depósito de seu montante integral; as reclamações e os recursos, nos termos das leis reguladoras do processo administrativo; a concessão de medida liminar em mandado de segurança; a concessão de medida liminar ou de tutela antecipada, em outras espécies de ação judicial.

Moratória e parcelamento

A moratória é a prorrogação do prazo de pagamento da dívida concedida pelo credor ao devedor. Sua concessão sempre depende de lei (art. 97, VI, CTN) do respectivo ente tributante.

O parcelamento, embora possa ser considerado uma espécie de moratória, foi incluído como mais uma hipótese de suspensão do crédito tributário no artigo 151 do CTN e tem sua disciplina no artigo 155-A. Esse artigo exige lei específica e prescreve que o parcelamento do crédito tributário não exclui a incidência de juros e multas, determinando, outrossim, que as demais regras relativas à moratória sejam aplicadas subsidiariamente ao parcelamento. Dois bons exemplos de parcelamento foram o Programa de Recuperação Fiscal (Refis) e o Parcelamento Especial (Paes), ambos parcelamentos de dívidas fiscais com a União.

Devedores em recuperação judicial, na forma da Lei 11.101/05, poderão ter condições especiais de parcelamento, se a lei assim o determinar (art. 155-A, § 3.º, CTN).

Depósito do montante integral

O sujeito passivo pode depositar o montante do crédito tributário com o fim de suspender a exigibilidade deste. O depósito deve ser feito no valor integral da dívida e em dinheiro (Súmula 112, STJ) no curso do procedimento administrativo ou judicial. Decidido o feito e se o depositante perde a demanda, o valor depositado é convertido em renda ao sujeito ativo com a extinção do respectivo crédito tributário (art. 156, VI, CTN). Ao contrário, o sujeito passivo poderá levantar integralmente o valor depositado se for vencedor da demanda.

Suas principais características são:
- não é obrigatório;
- não é pagamento, é garantia;
- pode ser anterior ou posterior à constituição definitiva do crédito tributário;

- não se confunde com a consignação em pagamento, pois quem consigna quer pagar e consigna o valor que entende devido. Por outro lado, quem deposita não quer pagar, e sim discutir o débito, e deposita o valor integral discutido.

Recursos administrativos

A interposição de recursos administrativos suspende a exigibilidade do crédito tributário, desde que seja feita nos termos das leis reguladoras do processo administrativo fiscal (federal, estadual ou municipal). Em regra, dispõe o sujeito passivo de 30 dias após a notificação do lançamento para apresentar seu recurso em primeira instância. Em boa parte dos casos, são adotadas duas instâncias de julgamento do processo administrativo fiscal. Se ao fim a decisão for favorável ao reclamante, a exigência fiscal extingue-se, total ou parcialmente; se desfavorável, restabelece-se a exigibilidade, tendo, em regra, o sujeito passivo um prazo para satisfazer a obrigação, sob pena de o Fisco promover a inscrição em dívida ativa e posterior execução fiscal.

Liminar em mandado de segurança

Em face da cobrança de tributo indevido ou da possibilidade desta, pode o contribuinte impetrar mandado de segurança objetivando proteger direito líquido e certo de lesão ou de ameaça de lesão por ato de autoridade, qual seja, a cobrança indevida.

Para tanto, o juiz poderá determinar, liminarmente, a suspensão do ato que deu motivo ao pedido, desde que presentes os requisitos do artigo 7.º, inciso II, da Lei 1.533/51: relevante fundamento jurídico e dano de difícil reparação.

Liminar ou tutela antecipada em outras espécies de ação judicial

A propositura de ação cautelar é outra espécie de ação judicial em que é possível obter liminar. Com a atual redação do artigo 151 do CTN, não resta mais dúvida de que as liminares concedidas em ações cautelares suspendem a exigibilidade de crédito tributário cuja cobrança o contribuinte considere indevida.

Para tanto, o contribuinte deve pleitear a concessão de medida liminar e, depois, no prazo legal, promover a competente ação principal, que pode ser declaratória de inexistência de obrigação tributária ou anulatória de débito fiscal, conforme o caso.

Outro meio de que pode se valer o contribuinte para conseguir a rápida suspensão da exigibilidade do crédito tributário é a medida judicial prevista no artigo 273 do Código de Processo Civil, que consiste na antecipação de tutela. A concessão de tal medida pelo juiz somente será possível quando houver fundado receio de dano irreparável ou de difícil reparação ou ficar caracterizado o abuso de direito de defesa ou o manifesto propósito protelatório do réu.

Além disso, vale ressaltar que o § 2.º do mesmo artigo 273 exige que sejam os efeitos decorrentes da medida concedida inequivocadamente reversíveis, isto é, deve haver a inafastável possibilidade de recomposição integral da situação fática anterior. Em matéria de Direito Tributário, tais efeitos serão, por natureza, sempre reversíveis, fato que, por mais esse motivo, torna plenamente possível a concessão da antecipação de tutela que almeje a suspensão da exigibilidade do crédito tributário.

Essas possibilidades de suspensão do crédito tributário foram inseridas expressamente no inciso V do artigo 151 do CTN por meio da LC 104/01, encerrando eventual dúvida sobre a possibilidade de antecipação de tutela contra a Fazenda Pública.

Extinção do crédito tributário

O crédito tributário desaparecerá, ou seja, será extinto, ao ocorrer uma das seguintes hipóteses (art. 156, CTN): o pagamento; a compensação; a transação; a remissão; a prescrição e a decadência; a conversão do depósito em renda; o pagamento antecipado e a homologação do lançamento; a consignação em pagamento; a decisão administrativa irreformável que não mais possa ser objeto de ação anulatória; a dação em pagamento em bens imóveis.

Pagamento

Hipótese natural de extinção do crédito tributário, o pagamento deve ser feito em até 30 dias após a notificação do lançamento, salvo se a legislação tributária dispuser de modo diverso. Ressalte-se que a data de pagamento de tributos pode ser definida por instrumento infralegal (decreto, portaria), uma vez que o artigo 160 do CTN se refere à legislação tributária e não à lei tributária, e não existe determinação do artigo 97 sobre a reserva legal relativa à data de pagamento.

O pagamento de um crédito não importa em presunção de pagamento das outras prestações em que se decomponha e de outros créditos do mesmo ou de outros tributos, ainda que sejam do mesmo sujeito passivo (art. 158, CTN).

Quando o sujeito passivo faz pagamento sem indicar expressamente qual crédito tributário deseja ver extinto, deverá ocorrer a chamada imputação de pagamento. Esta será feita pela autoridade administrativa competente, obedecendo à seguinte ordem para a extinção dos créditos tributários (art. 163, CTN):

I – em primeiro lugar, os débitos por obrigação própria do contribuinte e, em segundo lugar, os decorrentes de responsabilidade tributária;

II – primeiramente, as contribuições de melhoria; depois, as taxas; e, por fim, os impostos. O CTN deixou de fora as contribuições especiais;
III – na ordem crescente dos prazos de prescrição;
IV – na ordem decrescente dos montantes.

O pagamento poderá ser feito em dinheiro, cheque ou vale postal. Se feito em cheque, será considerado extinto o crédito tributário somente depois de ser honrado pelo banco. Estão previstas outras formas de pagamento que atualmente estão em desuso: estampilha, selo e processo mecânico (art. 162, CTN).

O crédito não integralmente pago no vencimento é acrescido de juros de mora, seja qual for o motivo determinante da falta, sem prejuízo da imposição das penalidades cabíveis e da aplicação de quaisquer medidas de garantia previstas no CTN ou em lei tributária. Os juros de mora são, em regra, de 1%, salvo se a lei dispuser de modo diverso (art. 161, CTN). No caso dos tributos federais, com base na Lei 9.250/95, os juros de mora são calculados com base na taxa do Sistema Especial de Liquidação e de Custódia (Selic). Na jurisprudência do STJ existe divergência quanto à constitucionalidade da aplicação da taxa Selic (aceitando sua aplicação: RESP 400.281/SC, STJ; afastando sua aplicação: RESP 215.881/PR, STJ). A inconstitucionalidade teria ocorrido por ofensa à legalidade, uma vez que a taxa Selic é estabelecida por ato unilateral do Poder Executivo federal.

Na pendência de consulta formulada pelo devedor dentro do prazo legal para pagamento do crédito, não há incidência de juros de mora (art. 161, § 2.º, CTN).

Compensação

Se o sujeito passivo for ao mesmo tempo credor e devedor do sujeito ativo, as obrigações extinguem-se até onde se compensarem. A compensação deve estar prevista em lei e só pode ser feita com créditos líquidos, certos e fungíveis, vencidos ou vincendos.

Os valores referentes a tributos pagos indevidamente, mas que estejam sendo objeto de contestação judicial pelo sujeito passivo, só poderão ser compensados após o trânsito em julgado da respectiva ação (art. 170-A, CTN).

Transação

É o instituto por meio do qual, por concessões mútuas, credor (sujeito ativo) e devedor (sujeito passivo) põem fim ao litígio, extinguindo a relação jurídica, tanto no âmbito judiciário quanto no administrativo. A lei indicará a autoridade competente para fazer a transação e estabelecerá as condições para tal (art. 171, CTN).

Remissão

É o perdão da dívida, ato típico do credor por meio do qual o Estado dispensa o contribuinte do pagamento do valor total ou parcial do crédito tributário. A remissão não se confunde com a anistia, que é forma de exclusão do crédito tributário. A primeira refere-se ao perdão da dívida, depois de constituído o crédito tributário; a segunda diz respeito ao perdão da infração e da penalidade (multa) antes da constituição do crédito tributário.

Será concedida pela autoridade administrativa, por despacho fundamentado, podendo ser total ou parcial, conforme autorização legal. A lei instituidora da remissão considerará (art. 172, CTN):
I – a situação econômica do sujeito passivo;
II – a ocorrência de erro ou ignorância excusáveis do sujeito passivo, quanto à matéria de fato;
III – a diminuta importância do crédito tributário;
IV – considerações de equidade, em relação com as características pessoais ou materiais do caso;
V – condições peculiares a determinada região do território da entidade tributante.

O despacho concessivo da remissão não gera direito adquirido, podendo ser revogada se o sujeito passivo não atendia ou deixou de atender os requisitos para sua concessão.

Decadência e prescrição

Tanto a decadência como a prescrição estão relacionadas ao princípio da segurança jurídica e este a um dos valores protegidos pelo Direito: a liberdade.

A segurança jurídica é um "sentimento coletivo de previsibilidade quanto aos efeitos jurídicos da regulação da conduta" (Carvalho, Paulo de Barros, *op. cit.*, p. 147) para "evitar que um passado, de repente, se torne estranho, um futuro, algo opaco e incerto, e a duração, uma coleção de surpresas desestabilizadoras da vida" (Ferraz Júnior, Tércio Sampaio. *Anterioridade e Irretroatividade no campo tributário*, p. 125). O cidadão só consegue exercer sua liberdade na plenitude se puder fazer suas escolhas conhecendo todas as consequências de seus atos. Como seria possível decidir pela aquisição de uma propriedade se não se pudesse delimitar o período máximo sobre o qual tributos anteriores poderiam ser cobrados?

Decadência e prescrição, então, propiciam que as relações jurídicas se estabilizem no tempo e, ao tratarmos delas, lembramo-nos do brocardo jurídico *dormientibus non succurrit jus* (o direito não socorre aquele que dorme).

O regramento a respeito de decadência e prescrição deve estar em lei complementar (art. 146, III, "b", CF), sendo, portanto, inconstitucional qualquer lei ordinária que trate de decadência ou prescrição de qualquer um dos tributos. É o CTN que traz as regras de tais institutos, determinando, para ambos, o prazo de cinco anos.

Portanto, o traço comum entre os dois institutos no Direito Tributário é a perda de algum direito em decorrência do transcurso do prazo de cinco anos. Resta-nos saber, para cada um deles, qual direito será perdido e qual o termo de início (data inicial) da contagem do prazo de cinco anos.

DECADÊNCIA

É a perda do direito de efetuar o lançamento depois de transcorrido o prazo de cinco anos.

Quanto à data de início da contagem do prazo decadencial, as regras podem ser sistematizadas em:

- **Regra geral** – Prevê que a contagem do prazo decadencial tem início no primeiro dia do exercício seguinte àquele em que o lançamento poderia ter sido efetuado (art. 173, I, CTN).
- **Regra especial** – É utilizada para os tributos sujeitos ao lançamento por homologação e nos casos em que tenha ocorrido efetivamente a antecipação do pagamento. Determina que o início da contagem do prazo decadencial é a data do fato gerador (art. 150, IV, CTN). Ocorrendo dolo, fraude ou simulação nos casos de lançamento por homologação, aplica-se a regra geral.
- **Regra do lançamento anulado** – Estabelece que, quando existir lançamento anulado por vício formal, o início da contagem do prazo decadencial dar-se-á na data em que se tornar definitiva a decisão que anulou o lançamento anteriormente efetuado (art. 173, II, CTN).

Com relação aos tributos sujeitos a lançamento por homologação, existe peculiar jurisprudência do STJ que acaba por resultar em uma "decadência em dez anos". O STJ entendeu que o artigo 173, I, do CTN deveria ser interpretado em conjunto com o artigo 150, § 4.º. Assim, após os cinco anos para homologar o lançamento, teria o Fisco mais cinco anos para constituir o crédito tributário (RESP 58.918/RJ, STJ). Tal jurisprudência tem sofrido muitas críticas da doutrina, que entende não ser correta a aplicação cumulativa do artigo 173, I, com o artigo 150, § 4.º, do CTN (De Santi, Eurico Marcos Diniz, *Decadência e prescrição no Direito Tributário*, p. 196).

Decadência do direito de pleitear a restituição – A decadência a que se refere o artigo 156 do CTN como hipótese de extinção do crédito tributário é a decadência do direito do Fisco de efetuar o lançamento. No entanto, no Direito Tributário, existe outra espécie de decadência: a do direito de pleitear a restituição de tributo pago indevidamente. Esta também observa o prazo de cinco anos, mas tem como data inicial:
a) a data da extinção do crédito tributário. Para os tributos cujo lançamento é por homologação, considera-se como tal a data do pagamento antecipado conforme interpretação originária do artigo 168, I, do CTN efetivada pelo artigo 3.º da LC 118/05;
b) a data em que transitar em julgado a decisão que reformou, anulou, revogou ou rescindiu uma decisão condenatória anterior. Se o sujeito passivo havia sido condenado a pagar tributo e efetivamente fez o pagamento, mas, posteriormente, conseguiu que nova decisão judicial transitasse em julgado a seu favor, o pagamento feito poderá ser objeto de pedido de restituição, que deverá ser protocolizado em até cinco anos após o trânsito em julgado da última decisão.

De maneira similar ao que ocorre na decadência do direito de efetuar o lançamento, a jurisprudência do STJ vinha aplicando o entendimento que resulta numa "decadência em dez anos" para o direito de pleitear a restituição. O STJ entendia que o *dies a quo* (data inicial) do prazo decadencial determinado pelo CTN é a data da extinção do crédito tributário (art. 168, I, CTN), sendo que, no caso de tributos sujeito a lançamento por homologação, a extinção do crédito tributário não ocorreria com o pagamento antecipado, e sim depois de transcorridos cinco anos do pagamento antecipado (art. 156, VII, CTN). Somente depois de extinto o crédito tributário é que começaria a correr o prazo decadencial para pleitear a restituição, resultando num prazo para pleitear a restituição de dez anos desde o pagamento antecipado.

Esse entendimento do STJ foi modificado com a edição da LC 118/05. Essa lei determinou que fosse considerado como *dies a quo* da decadência do direito de pleitear a restituição a data do pagamento antecipado. Embora o legislador tenha pretendido dar à LC 118/05 aplicação retroativa por ser lei que traz interpretação originária ou autêntica, o STJ tem decidido que a LC 118/05 inovou no ordenamento jurídico e não tem caráter simplesmente interpretativo. No julgamento do EREsp 327.043/DF, o STJ decidiu que somente nos processos ajuizados depois da entrada em vigor da LC 118/05 (9/6/05) seria aplicada o novo *dies a quo* para a decadência do direito de pleitear a restituição. Dessa maneira, para processos ajuizados depois de 9/6/05 a decadência terá como *dies a quo* a data do pagamento antecipado e *dies ad quem* (data final) a data que corresponder ao transcurso de cinco anos.

PRESCRIÇÃO

É a perda do direito à ação de cobrança do crédito tributário ou do direito de executar. Isto é, a prescrição no Direito Tributário corresponde à perda do direito de o Fisco ingressar com o processo executivo fiscal depois de transcorrido o prazo de cinco anos.

Só existe uma data para o início da contagem do prazo quinquenal da prescrição: a data da constituição definitiva do crédito tributário (art. 174, CTN).

A constituição do crédito tributário ocorre com o lançamento e sua notificação ao sujeito passivo. Como o sujeito passivo poderá impugnar tal lançamento e conseguir que este seja alterado (art. 145, I, CTN), então o crédito tributário só estará definitivamente constituído depois de transcorrido o prazo para pagamento ou impugnação com a inércia do sujeito passivo ou após o trânsito em julgado do processo administrativo fiscal (RESP 435.896/SP, STJ). No processo administrativo fiscal não existe hipótese de prescrição intercorrente (prescrição no curso do processo).

Durante a execução fiscal, de outro modo, o STJ já vinha afastando a determinação do artigo 40 da Lei de Execução Fiscal (LEF) e admitindo a prescrição intercorrente se a Fazenda Pública permanecesse inerte por mais de cinco anos. A Lei 11.051/04 alterou esse artigo da LEF, passando a prever a prescrição intercorrente se decorrido o prazo prescricional após a decisão que determinou o arquivamento da execução. Então, iniciada a execução e não sendo encontrado o devedor ou bens sobre os quais possa recair a penhora, será interrompida a prescrição. Após um ano de suspensão do processo, o juiz determinará o arquivamento da execução, e começará a correr novo prazo prescricional de cinco anos, agora para a prescrição intercorrente, que poderá ser decretada de ofício pelo juiz depois de ouvida a Fazenda Pública.

Suspensão da prescrição – Ocorrendo a suspensão do prazo prescricional, cessa a contagem do prazo, retornando do mesmo ponto depois de desaparecer a causa da suspensão do prazo.

Suspendem a prescrição as hipóteses de suspensão da exigibilidade do crédito tributário após a constituição definitiva deste. Assim, suspendem o prazo prescricional: a moratória; o depósito do montante integral do crédito tributário; a concessão de medida liminar em mandado de segurança; a concessão de medida liminar ou de tutela antecipada, em outras espécies de ação judicial; o parcelamento. Note-se que das hipóteses do artigo 151 do CTN foram deixados de fora as reclamações e os recursos administrativos, uma vez que não se pode suspender a prescrição se esta ainda não teve seu prazo iniciado.

Há, também, a inscrição em dívida ativa como hipótese de suspensão da prescrição por 180 dias (art. 2.º, § 3.º, LEF). Algumas decisões do STJ (RESP 178.500/SP) têm expressado o entendimento de que a LEF não pode dispor sobre prescrição, pois o assunto é reservado a lei complementar (art. 146, III, "b", CF), afastando, então, a existência dessa hipótese de suspensão da prescrição.

Interrupção da prescrição – A interrupção provoca o reinício da contagem de todo o prazo, resultando na desconsideração do prazo já decorrido, ou seja, o prazo prescricional é "zerado" com a interrupção.
A prescrição é interrompida:
a) pelo despacho do juiz que ordenar a citação em execução fiscal. A LC 118/05 alterou o artigo 174, I, do CTN e afastou a polêmica sobre se a interrupção da prescrição ocorria com o despacho do juiz ou com a efetiva citação;
b) pelo protesto judicial. Cabe observar que alguns doutrinadores entendem que o protesto violaria o sigilo fiscal e há decisões judiciais que não aceitam o protesto da certidão de dívida ativa por esta não ter natureza cambial (Paulsen, Leandro, *op. cit.*, p. 1201);
c) por qualquer ato judicial que constitua em mora o devedor;
d) por qualquer ato inequívoco, mesmo extrajudicial, de reconhecimento do débito (ex.: o parcelamento e a adesão ao Refis).
A Lei 11.051/04 modificou o artigo 40 da LEF e acabou por instituir uma hipótese de interrupção da prescrição intercorrente. O despacho do juiz determinando o arquivamento da execução, depois de decorrido um ano da paralisação da execução por não terem sido encontrados o devedor ou bens sobre os quais possa recair a penhora, interrompe a prescrição intercorrente.

Prescrição do direito de ingressar com ação anulatória da decisão administrativa que negou pedido de restituição – Como no caso da decadência, existe outra espécie de prescrição no Direito Tributário além daquela prevista no artigo 156 do CTN como hipótese de extinção do crédito tributário: a prescrição do direito de ingressar com ação anulatória da decisão administrativa que negou pedido de restituição.

Caso o Fisco tenha negado o pedido administrativo do sujeito passivo de restituição de tributo pago indevidamente, este poderá ingressar com ação para anular tal decisão. Terá, para tanto, de observar o prazo prescricional de dois anos para ingressar com a ação anulatória de decisão administrativa. Após o início da ação judicial, o prazo será interrompido e no curso do processo poderá ocorrer a prescrição intercorrente se o autor da ação provocar a inércia do processo por mais de um ano (art. 169, CTN).

Conversão de depósito em renda

Após decisão definitiva administrativa ou judicial favorável ao sujeito ativo (União, Estados, Distrito Federal, Municípios), o depósito integral efetuado nos autos é convertido em renda a favor deste.

Pagamento antecipado e homologação do lançamento

Nos tributos cujos lançamentos sejam por homologação, o sujeito passivo faz o pagamento com base em apuração feita por ele próprio. Por isso diz-se pagamento antecipado, porque feito antes do lançamento, ou seja, antes da participação da autoridade administrativa. A extinção do crédito tributário não se verifica apenas com o pagamento antecipado. É necessária, também, a homologação do lançamento, expressa ou tácita (art. 150, § 4.º, CTN).

Consignação em pagamento

O sujeito passivo pode pagar o tributo judicialmente nas seguintes hipóteses (art. 164, CTN):
I – recusa de recebimento ou subordinação deste ao pagamento de outro tributo ou penalidade ou ao cumprimento de obrigação acessória;
II – subordinação do recebimento ao cumprimento de exigências administrativas sem fundamento legal;
III – exigência, por mais de uma pessoa jurídica de direito público, de tributo idêntico sobre o mesmo fato gerador.

Se o autor for vitorioso, a importância depositada é convertida em renda; se perder a ação, o crédito tributário será cobrado com juros de mora, sem prejuízo das penalidades cabíveis (art. 164, § 2.º, CTN).

Decisão administrativa ou judicial transitada em julgado

A decisão definitiva em favor do sujeito passivo, em processo administrativo ou judicial, extinguirá o crédito tributário.

Dação em pagamento em bens imóveis

Dação em pagamento ocorre quando o credor consente em receber coisa diversa da que lhe é devida (art. 356, CC). No caso tributário, o tributo deve ser pago em dinheiro, mas podem ser aceitos imóveis na forma e condições estabelecidas na lei.

Exclusão do crédito tributário

Excluir o crédito tributário implica evitar que este se constitua (Machado, Hugo de Brito, *op. cit.*, p. 223), não dispensando o cumprimento das obrigações acessórias.

Excluem o crédito tributário a isenção e a anistia (art. 175, CTN).

Isenção

Inicialmente, cabe ressaltar a distinção entre não incidência, imunidade e isenção.

DISTINÇÃO ENTRE NÃO INCIDÊNCIA, IMUNIDADE E ISENÇÃO

Não incidência – É a situação na qual o acontecimento fático não corresponde à descrição legal com perfeição.

Pode-se dizer que no mundo dos fatos não ocorreu o fato gerador previsto na lei instituidora do tributo.

Imunidade – Como já visto, a imunidade tributária é uma limitação da competência tributária dos entes federativos determinada pela CF – a própria CF, que concedeu a competência tributária, retira-a do ente tributante em alguns casos. Pode ser entendida como uma não incidência qualificada pela CF ou uma limitação constitucional à própria competência do ente federativo.

Isenção – É um favor fiscal consubstanciado na dispensa pela lei do pagamento de tributo devido, isto é, a lei desobriga o sujeito passivo da obrigação tributária de pagar tributo (art. 97, VI, CTN). Também pode ser entendida como uma limitação do campo de incidência do tributo.

Deve ser concedida pelo próprio ente federativo que detém a competência tributária para instituir o respectivo tributo para que não se caracterize o que se denomina "isenção heterônoma". Explicitamente, a CF veda a concessão, pela União, de isenção de tributos da competência dos Estados, do Distrito Federal ou dos Municípios (art. 151, III, CF). A vedação da concessão de isenção heterônoma pelos demais entes federativos entre si decorre da própria noção de competência tributária como possibilidade de legislar para a produção de normas jurídicas sobre tributos. Um Estado não tem competência para legislar sobre IPTU; logo, uma lei estadual não pode criar uma isenção de IPTU para dispensar os munícipes do pagamento desse tributo.

Merece atenção especial o caso do ICMS. Para esse tributo, não é possível que um Estado conceda isenção unilateralmente. Apenas por deliberação conjunta dos Estados e do Distrito Federal uma isenção do ICMS pode ser concedida, na forma estabelecida em lei complementar (art. 155, § 2.º, XII, "g", CF). Para exercer essa função quanto às isenções de ICMS, foi recepcionada pela CF/88 a LC 24/75, que estabelece a necessidade e a forma de celebração de convênios entre os Estados e o Distrito Federal para a concessão de isenções desse tributo.

A isenção, salvo disposição de lei em contrário, não é extensível às taxas, às contribuições de melhoria e aos tributos instituídos posteriormente a sua concessão (art. 177, CTN). Se a prefeitura de determinado Município cria uma isenção para imóveis cujo valor venal seja inferior a R$ 20.000,00, esse mesmo imóvel não estará isento de taxas ou de contribuições de melhoria porventura existentes ou de qualquer tributo que vier a ser criado.

Não pode a isenção concedida por prazo certo e em função de determinadas condições ser revogada (art. 178, CTN), devendo essas duas condições serem cumulativas. Não basta, portanto, que a isenção seja por prazo certo ou concedida sob determinadas condições para que esteja protegida pela irrevogabilidade. Assim, se um Município cria uma isenção de dez anos de IPTU para as empresas que se instalarem em seu território urbano e gerarem cem empregos, não poderá outra lei posterior revogar tal isenção para as empresas que preencheram os requisitos exigidos. Empresas já instaladas, mas que não conseguiram gerar o número de empregos exigidos pela lei isentiva, não têm direito adquirido à isenção. Dessa forma, caso venha a ser revogada a isenção, tais empresas não poderão desfrutar a isenção, ainda que atinjam, posteriormente, o número de empregos gerados exigido pela lei antiga.

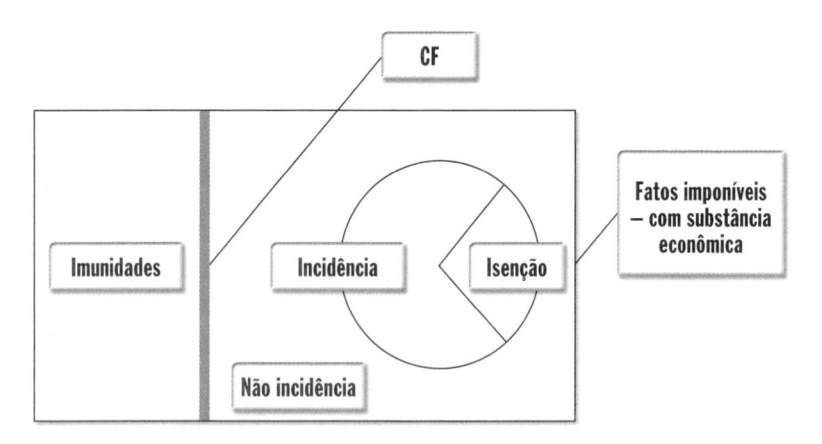

Por outro lado, a isenção concedida em caráter geral, sem prazo determinado e sem exigir condições do beneficiário poderá ser revogada a qualquer tempo. No entanto, a cobrança dos tributos respectivos deverá obedecer à anterioridade por equiparar-se à majoração de tributos.

Anistia

Anistia é o perdão das penalidades pecuniárias antes da constituição do crédito tributário que deve ser concedido pela lei (art. 97, VI, CTN). Após a constituição do crédito tributário, poderá ser concedida sua remissão, ainda que ele seja constituído de alguma multa, e não anistia.

A anistia abrange exclusivamente as infrações cometidas antes da vigência da lei que a concedeu e:

- pode ser geral ou limitada. Quando concedida limitadamente, poderá restringir-se: a infrações relativas a determinado tributo; a infrações punidas com penalidades pecuniárias até determinado montante, conjugadas ou não com penalidades de outra natureza; a determinado território e em função de condições estabelecidas; ou à condição do pagamento de tributo em prazo fixado pela lei ou pela autoridade administrativa por autorização legal (art. 181, CTN). A anistia limitada será concedida por despacho da autoridade administrativa em resposta a requerimento do interessado no qual esteja demonstrado o atendimento das condições estabelecidas pela lei para a sua concessão (art. 182, CTN);
- o sujeito passivo continua obrigado a pagar o tributo;
- não alcança os atos qualificados como crime ou contravenção nem os atos praticados em conluio entre duas ou mais pessoas naturais ou jurídicas, salvo, nesse último caso, disposição em contrário da lei (art. 180, CTN);
- não gera direito adquirido, podendo ser revogada se o sujeito passivo não atendia ou deixou de atender aos requisitos para sua concessão (art. 182, CTN).

Garantias e privilégios do crédito tributário

O CTN estabelece várias garantias para o crédito tributário, ou seja, uma série de meios para assegurar que o sujeito passivo pague sua dívida com a Fazenda Pública. Além das garantias que o CTN prescreve, outras poderão ser acrescidas pelo legislador federal, estadual ou municipal (art. 183, CTN).

Totalidade dos bens

Responde pelo pagamento do crédito tributário a totalidade dos bens e das rendas, de qualquer origem ou natureza, do sujeito passivo, de seu espólio ou sua massa falida, inclusive os bens gravados por ônus real ou cláusula de inalienabilidade ou impenhorabilidade, seja qual for a data da constituição do ônus ou da cláusula, excetuados unicamente os bens e rendas que a lei declare absolutamente impenhoráveis (art. 184, CTN).

A LC 118/05 incluiu artigo no CTN que acrescenta disposições sobre a indisponibilidade dos bens do devedor tributário e, portanto, aumenta o rol de garantias do crédito tributário.

Assim, na hipótese de o devedor tributário, devidamente citado, não pagar nem apresentar bens à penhora no prazo legal e não forem encontrados bens penhoráveis, o juiz determinará a indisponibilidade de seus bens e direitos, comunicando a decisão, de preferência por meio eletrônico, aos órgãos e entidades que promovem registros de transferência de bens, especialmente ao registro público de imóveis e às autoridades supervisoras do mercado bancário e do mercado de capitais, a fim de que, no âmbito de suas atribuições, façam cumprir a ordem judicial. Essa indisponibilidade dos bens ficará restrita a bens que totalizem o valor do crédito tributário exigível (art. 185-A, CTN).

Presunção de fraude

A alienação ou oneração de bens ou rendas, ou seu começo, por sujeito passivo em débito para com a Fazenda Pública, por crédito tributário regularmente inscrito como dívida ativa se presume fraudulenta, salvo na hipótese de terem sido reservados, pelo devedor, bens ou rendas suficientes ao total pagamento da dívida inscrita (art. 185, CTN).

Concurso de credores

A cobrança judicial do crédito tributário não é sujeita a concurso de credores ou habilitação em falência, recuperação judicial, concordata, inventário ou arrolamento (art. 187, CTN).

Concurso de preferências

GERAL

O crédito tributário prefere a qualquer outro, seja qual for sua natureza ou o tempo de sua constituição, ressalvados os créditos decorrentes da legislação do trabalho ou do acidente de trabalho.

Entre pessoas jurídicas de direito público há a seguinte ordem de preferência:
1. União;
2. Estados, Distrito Federal e Territórios, conjuntamente e *pro rata*;
3. Municípios, conjuntamente e *pro rata*.

NO CASO DE FALÊNCIA E RECUPERAÇÃO JUDICIAL

Com relação à falência, houve mudanças significativas com a LC 118/05, decorrentes de alterações na Lei de Falências. A partir da vigência da LC 118/05, na falência:
- O crédito tributário não prefere aos créditos extraconcursais ou às importâncias passíveis de restituição, nos termos da lei falimentar, nem aos créditos com garantia real, no limite do valor do bem gravado. Poder-se-ia afirmar, simplificadamente, que o crédito tributário,

excetuando-se as multas e incluindo-se os juros de mora, ficou em terceiro lugar na preferência de pagamento da falência, depois dos créditos trabalhistas e dos créditos com garantia real.
- A lei poderá estabelecer limites e condições para a preferência dos créditos decorrentes da legislação do trabalho. Concretamente, a Lei 11.101/05 estabeleceu preferência para créditos trabalhistas até 150 salários mínimos por credor, desde que não cedidos a terceiros. No caso de cessão de créditos trabalhistas a terceiros, estes perdem a preferência e passam a concorrer como créditos quirografários, após, portanto, os créditos tributários referentes ao tributo e aos juros de mora.
- A multa tributária prefere apenas aos créditos subordinados, ou seja, as multas tributárias do falido serão quitadas em penúltimo lugar na fila de preferências, ficando em situação desvantajosa até quanto aos créditos quirografários.

A extinção das obrigações do falido (art. 191, CTN), bem como a concessão de recuperação judicial (antiga concordata), requer prova de quitação de todos os tributos. A recuperação judicial pode ser concedida caso os créditos estejam com a exigibilidade suspensa (art. 191-A, CTN).

Dívida ativa tributária

Constitui dívida ativa tributária a proveniente de crédito dessa natureza, regularmente inscrita na repartição administrativa competente, depois de esgotado o prazo fixado, para pagamento, pela lei ou por decisão final proferida em processo regular (art. 201, CTN). Assim, o crédito tributário é levado à inscrição como dívida ativa depois de definitivamente constituído.

O crédito tributário é exigível após o lançamento, mas adquire liquidez e certeza com a inscrição na dívida ativa. Portanto, a dívida ativa regularmente inscrita goza de presunção de certeza e liquidez e tem o efeito de prova pré-constituída. Trata-se de uma presunção *juris tantum*, ou seja, uma presunção relativa. Cabe ao sujeito passivo o ônus de demonstrar que o conteúdo da certidão está incorreto.*

A certidão de dívida ativa é um título executivo extrajudicial que permitirá à Fazenda Pública ingressar com a execução fiscal.

Certidão negativa

Certidão negativa é o documento que comprova a quitação de tributos. A lei pode estabelecer situações nas quais a certidão negativa seja exigida, como em recuperação judicial, falência e participação em concorrência pública (art. 205, CTN).

---

* Existe também no Direito a presunção *juris et de juris*, chamada presunção absoluta. Nesse caso, não há possibilidade de a presunção ser elidida por provas em contrário. Na presunção absoluta, o fato presumido prevalece contra qualquer elemento fático.

Tem os mesmos efeitos da certidão negativa a certidão que demonstre existirem tributos pendentes de quitação (certidão positiva), mas de que conste a existência de (art. 206, CTN):
- crédito não vencido;
- crédito em curso de cobrança executiva em que tenha sido efetivada a penhora;
- crédito cuja exigibilidade esteja suspensa.

Administração tributária

Todas as pessoas, naturais ou jurídicas, contribuintes ou não, inclusive as que gozem de imunidade tributária ou de isenção de caráter pessoal, são passíveis de prestar informações ou de ser fiscalizadas pela administração tributária (art. 194, CTN). Para tanto, devem conservar a escrituração comercial e fiscal até que ocorra a prescrição dos créditos tributários a que se refiram (art. 195, parágrafo único, CTN).

Cabe observar que a guarda de documentos comerciais e fiscais não deve ser feita apenas pelo prazo de cinco anos, e sim até que ocorra a prescrição. Na hipótese de suspensão ou mesmo de interrupção do prazo prescricional, o prazo para a guarda pode superar em muito os cinco anos.

Só está dispensada de prestar informações ao Fisco a pessoa que esteja legalmente obrigada a guardar segredo em razão de cargo, ofício, função, ministério, atividade ou profissão (art. 197, parágrafo único, CTN). É o caso, por exemplo, dos médicos e advogados quanto às informações de seus clientes ligadas à atuação profissional.

Com relação ao sigilo bancário, a LC 105/01 autorizou o acesso do Fisco à movimentação financeira do cidadão quando houver processo administrativo instaurado ou procedimento fiscal em curso e tais exames forem considerados indispensáveis pela autoridade administrativa competente (art. 6.º, LC 105/01).

EM RESUMO
CRÉDITO TRIBUTÁRIO

Conceito de crédito tributário
É o vínculo jurídico por força do qual o sujeito ativo pode exigir do sujeito passivo (contribuinte ou responsável) o pagamento do tributo ou da penalidade pecuniária.

Lançamento
É a atividade administrativa vinculada que constitui o crédito tributário.

Modalidades de lançamento
As modalidades de lançamento são definidas pelo grau de colaboração do sujeito passivo.
- **Lançamento de ofício:** nenhuma participação do sujeito passivo; o Fisco dispõe das informações e efetua o lançamento.
- **Lançamento por declaração:** o sujeito passivo presta informações e o Fisco lança com base nessas informações.
- **Lançamento por homologação:** o sujeito passivo apura o valor do tributo e faz pagamento antecipado sem a participação do Fisco; posteriormente, o Fisco homologará tácita ou expressamente.

Legislação aplicável ao lançamento
É aquela em vigor na data da ocorrência do fato gerador quanto à definição do fato gerador, da base de cálculo, da alíquota ou de outro critério de determinação de valor do tributo. Para as penalidades, aplica-se a lei mais favorável ao sujeito passivo; para os aspectos procedimentais e para os poderes da fiscalização, a lei em vigor na data do lançamento.

Suspensão do crédito tributário
A suspensão impede o Fisco de exercitar atos de cobrança.
Suspendem o crédito tributário: a moratória; o parcelamento; o depósito de seu montante integral; as reclamações e os recursos, nos termos das leis reguladoras do processo administrativo; a concessão de medida liminar em mandado de segurança; a concessão de medida liminar ou de tutela antecipada, em outras espécies de ação judicial.

Extinção do crédito tributário
É o desaparecimento do crédito tributário.

Extinguem o crédito tributário: o pagamento; a compensação; a transação; a remissão; a prescrição e a decadência; a conversão do depósito em renda; o pagamento antecipado e a homologação do lançamento; a consignação em pagamento; a decisão administrativa irreformável que não mais possa ser objeto de ação anulatória; a dação em pagamento em bens imóveis.

Decadência
É a perda do direito de efetuar o lançamento depois de transcorrido o prazo de cinco anos.
Há duas regras principais para o início da contagem do prazo:
- **Regra geral** – Prevê que a contagem do prazo decadencial tem início no primeiro dia do exercício seguinte àquele em que o lançamento poderia ter sido efetuado.
- **Regra especial** – É utilizada para os tributos sujeitos ao lançamento por homologação e nos casos em que tenha ocorrido efetivamente a antecipação do pagamento. Determina que o início da contagem do prazo decadencial é a data do fato gerador.

Existe outra espécie de decadência: decadência do direito de pleitear a restituição de tributo pago indevidamente. Observa o prazo de cinco anos, com início da contagem do prazo na data de extinção do crédito ou da data em que transitar em julgado a decisão que reformou, anulou, revogou ou rescindiu uma decisão condenatória anterior.

PRESCRIÇÃO
É a perda do direito de executar a dívida fiscal, ou seja, do direito de cobrar judicialmente o crédito tributário.

Início da contagem do prazo da prescrição: transcurso do prazo para pagar ou impugnar com inércia do sujeito passivo ou data do trânsito em julgado do processo administrativo fiscal.

Prescrição intercorrente só ocorre no processo judicial e é de cinco anos, contados do arquivamento da execução.

A prescrição pode ser suspensa, cessando a contagem do prazo e retornando do mesmo ponto após desaparecer a causa da suspensão do prazo.

Suspendem o prazo prescricional: a moratória; o depósito do montante integral do crédito tributário; a concessão de medida liminar em mandado de segurança; a concessão de medida liminar ou de tutela antecipada, em outras espécies de ação judicial; o parcelamento; a inscrição em dívida ativa (suspensão por 180 dias).

A interrupção da prescrição provoca o reinício da contagem de todo o prazo, resultando na desconsideração do prazo já decorrido e ocorre: pelo despacho do juiz que ordenar a citação em execução fiscal; pelo protesto judicial; por qualquer ato judicial que constitua em mora o devedor; por qualquer ato inequívoco, mesmo extrajudicial, de reconhecimento do débito.

Outra espécie de prescrição: prescrição do direito de ingressar com ação anulatória da decisão administrativa que negou pedido de restituição. Tem prazo de dois anos após a decisão administrativa que negou a restituição para ingressar com a ação anulatória.

Exclusão do crédito tributário

Excluem o crédito tributário a isenção e a anistia.

Não incidência – É a situação na qual no mundo dos fatos não ocorreu o fato gerador previsto na lei instituidora do tributo.

Isenção – É um favor legal consubstanciado na dispensa de pagamento de tributo devido ou uma limitação do campo de incidência do tributo.

Isenção heterônoma, isto é, isenção concedida pelo ente federativo que não dispõe da competência para instituir o tributo é inconstitucional.

Imunidade – É uma limitação da competência tributária dos entes federativos determinada pela CF ou uma não incidência qualificada pela CF.

Anistia – É o perdão das penalidades pecuniárias antes da constituição do crédito tributário. Após a constituição do crédito tributário, poderá ser concedida sua remissão, ainda que ele seja constituído de alguma multa, e não anistia.

Garantias e privilégios do crédito tributário

Entre os meios para assegurar que o sujeito passivo pague sua dívida com a Fazenda Pública estão: a totalidade dos bens do devedor responde pelo crédito tributário, excetuando-se os bens impenhoráveis; possibilidade de indisponibilidade dos bens do devedor que não pagar nem apresentar bens à penhora no prazo legal; presunção de fraude na alienação ou oneração de bens ou rendas, ou seu começo, por sujeito passivo em débito para com a Fazenda Pública, exceto se reservados bens suficientes ao total do pagamento da dívida inscrita; dispensa do concurso de credores ou habilitação em falência, recuperação judicial, concordata, inventário ou arrolamento; preferência do crédito referente ao valor do tributo e dos juros de mora a todos os demais créditos na falência, excetuando-se os créditos trabalhistas e os créditos com garantia real.

PRESTE ATENÇÃO

1. **Alteração do lançamento** – O lançamento notificado ao sujeito passivo só pode ser alterado por meio das impugnações e dos recursos no processo administrativo fiscal e por meio da revisão de ofício em casos específicos definidos no artigo 149 do CTN.
2. **Revogação da isenção** – A isenção concedida a prazo certo e sob determinadas condições não pode ser revogada.
3. **Isenção de ICMS** – Apenas pode ser concedida por deliberação conjunta (convênio) dos Estados e do Distrito Federal, na forma estabelecida em lei complementar. Só produzirá efeitos após a edição de lei estadual ratificando a isenção autorizada pelo convênio.
4. **Preferência do crédito tributário na falência** – Com a nova Lei de Falências, o crédito tributário deve ser pago após os créditos trabalhistas (limitados a 150 salários mínimos) e após os direitos reais de garantia (limitados até o valor do bem garantidor). As multas tributárias só preferem aos créditos chamados subordinados.
5. **Dívida ativa** – A inscrição na dívida ativa torna o crédito tributário líquido e certo por presunção *juris tantum*. A respectiva certidão de dívida ativa é título executivo extrajudicial, que poderá, então, ser desconstituído se o sujeito passivo fizer prova de que há vícios em seu conteúdo.
6. **Indisponibilidade dos bens do sujeito passivo** – O sujeito passivo citado em execução fiscal que não pagar nem apresentar bens à penhora no prazo legal terá determinada a indisponibilidade de seus bens até o limite do crédito tributário exigido.
7. **Guarda de documentos comerciais e fiscais** – Os documentos fiscais e comerciais devem ser guardados até o prazo final da prescrição e não simplesmente pelo prazo de cinco anos.
8. **Sigilo profissional diante do Fisco** – Está dispensada de prestar informações ao Fisco a pessoa que esteja legalmente obrigada a guardar segredo em razão de cargo, ofício, função, ministério, atividade ou profissão quanto às informações ligadas à atuação profissional.
9. **Certidão positiva com efeitos de negativa** – Tem os mesmos efeitos da certidão negativa a certidão que demonstre existirem tributos pendentes de quitação (certidão positiva), mas de que conste a existência de crédito não vencido, de crédito em curso de cobrança executiva em que tenha sido efetivada a penhora ou de crédito cuja exigibilidade esteja suspensa.

Impostos em Espécie

IMPOSTOS DA UNIÃO – *Arts. 153 e 154, CF*

São da competência privativa da União os impostos sobre (art. 153, CF):
I – importação de produtos estrangeiros;
II – exportação de produtos nacionais ou nacionalizados;
III – renda e proventos de qualquer natureza;
IV – produtos industrializados;
V – operações de crédito, câmbio e seguro, ou relativas a títulos ou valores mobiliários;
VI – propriedade territorial rural;
VII – grandes fortunas, nos termos de lei complementar.

IMPOSTO DE IMPORTAÇÃO (II)

É um imposto com função regulatória também conhecido como imposto aduaneiro (relativo à aduana ou à alfândega) de importação. Pode ser usado como instrumento de proteção à economia nacional, por isso é exceção aos princípios da legalidade (art. 153, § 1.º, CF) e da anterioridade (art. 150, § 1.º, CF). Suas alíquotas podem ser alteradas pelo Poder Executivo (presidente da República: art. 76, CF), por meio de decreto, desde que obedecidos os limites da lei, para vigorarem de imediato. Conforme já ressaltado quando se tratou do princípio da legalidade, a exceção a esse princípio só atinge as alíquotas e não a base de cálculo ou o fato gerador. Portanto, estes somente podem ser alterados por lei.

O diploma legal básico é o DL 37/66, e toda a regulamentação desse imposto pode ser encontrada no Decreto 4.543/02 (Regulamento Aduaneiro).

Aspectos do fato gerador a destacar

Aspecto temporal – Embora o fato gerador seja a entrada de produtos estrangeiros no território nacional, em razão da dificuldade de se precisar tal momento, considera-se ocorrido o fato gerador na data do registro da declaração de importação na repartição aduaneira (repartição pública responsável pelo controle de entrada e saída de produtos no país). O registro da importação é feito por intermédio de um sistema informatizado denominado Siscomex, que pode ser acessado do próprio estabelecimento do importador.

Aspecto quantitativo – A base de cálculo é o valor aduaneiro, o qual corresponde ao valor normal que o produto ou seu similar alcançaria ao tempo da importação em uma venda sob condições de livre concorrência.

A alíquota pode ser específica (valor por unidade de medida – ex.: R$ 2,00 por litro) ou *ad valorem* (um percentual a ser aplicado sobre a base de cálculo).

Como exceção aos princípios da legalidade e da anterioridade, suas alíquotas podem ser alteradas pelo Poder Executivo para vigorarem de imediato, dentro dos limites e condições estabelecidos em lei. Essa alteração poderá ser feita pelo presidente da República, mediante decreto, ou por meio de ato normativo da Camex, desde que exista delegação de competência do presidente da República (art. 1º, parágrafo único, Lei 8.085/90). O artigo 1º da Lei 8.085/90 estabeleceu que é de 60 pontos percentuais o limite ao aumento da alíquota do imposto de importação. No entanto, devemos observar, também, o que determinam os acordos internacionais com relação ao assunto, notadamente, o Gatt/OMC e Mercosul.

IMPOSTO DE EXPORTAÇÃO (IE)

Possui regime jurídico similar ao do II; portanto, valem as mesmas considerações feitas para tal imposto.

IMPOSTO SOBRE A RENDA E PROVENTOS DE QUALQUER NATUREZA (IR)

É o imposto que mais arrecada para os cofres da União e, na prática, divide-se em três: Imposto de Renda Retido na Fonte (IRF), Imposto de Renda das Pessoas Jurídicas (IRPJ) e Imposto de Renda das Pessoas Físicas (IRPF).

O IRF sobre rendimentos pagos pelos Estados, pelo Distrito Federal e pelos Municípios, suas autarquias e fundações será destinado ao mesmo ente federativo (arts. 157, I, e 158, I, CF).

Com relação ao princípio da anterioridade, segue a regra do exercício seguinte, ou seja, a lei que institua ou majore o Imposto sobre a Renda entra em vigor no primeiro dia do exercício seguinte àquele no qual foi publicada.

Várias são as leis que lhe dão suporte, estando regulamentado pelo Decreto 3.000/99 (RIR).

Aspectos do fato gerador a destacar

Aspecto material – O Imposto sobre a Renda tem como aspecto material do fato gerador a aquisição da disponibilidade econômica ou jurídica de renda e de proventos de qualquer natureza. Renda é o produto do capital, do trabalho ou da combinação de ambos, enquanto proventos são os acréscimos patrimoniais não compreendidos no conceito de renda (art. 43, CTN). O conceito de renda está, então, fortemente associado à existência de majoração patrimonial.

Valores recebidos como reparação do patrimônio (indenizações) não sofrem incidência desse imposto.

Aspecto quantitativo – No caso das pessoas jurídicas (IRPJ), a base de cálculo é o lucro real, presumido ou arbitrado.

Lucro real é o lucro apurado na contabilidade (lucro líquido) ajustado com algumas adições, exclusões ou compensações. É o que mais se aproxima da verdadeira renda da empresa, conforme definido pelo artigo 43 do CTN.

Lucro presumido é o lucro apurado mediante a aplicação de coeficientes legais sobre a receita, conforme a natureza da empresa, dispensando-a de manter escrituração contábil detalhada para o imposto. Somente podem optar pelo lucro presumido empresas que tenham receita anual igual ou inferior a R$ 48.000.000,00 (art. 14, I, Lei 9.718/98). Para empresas em geral, o percentual mais comum é de 8% sobre a receita e, para empresas de prestação de serviços de profissões regulamentadas (ex.: advogados), de 32% (art. 15, Lei 9.249/95).

Deve existir para o contribuinte uma opção entre lucro real e presumido. A obrigatoriedade de utilizar a sistemática do lucro presumido para algumas empresas violaria o conceito de renda nos casos em que tais empresas apurassem, de fato, prejuízo.

O lucro arbitrado é calculado com base na receita bruta da empresa com um percentual um pouco maior que o presumido: 9,6% em geral e 38,4% para empresas de prestação de serviços de profissões regulamentadas (art. 16, Lei 9.249/95).

Ocorrerá o arbitramento em algumas hipóteses, como falta de escrituração ou falhas na escrituração, podendo ocorrer o autoarbitramento quando a própria empresa sofrer algum evento que a impeça de apurar o lucro real ou presumido (ex.: uma enchente) (art. 47, Lei 8.981/95). Caso a receita bruta não seja conhecida, o lucro arbitrado poderá ser determinado mediante os seguintes cálculos: 0,05 do patrimônio líquido, 0,07 do capital, 0,4 do valor das compras e 0,4 da folha de pagamento (art. 51, Lei 8.981/95).

A alíquota do IRPJ é de 15%, com adicional de 10% sobre o lucro mensal que ultrapassar R$ 20.000,00, na ampla maioria dos casos (art. 3.º, Lei 9.249/95).

Para as pessoas físicas (IRPF), o rendimento mensal é tributado após as deduções com dependentes e pensão alimentícia, havendo um ajuste anual no qual outras despesas, como despesas médicas e contribuição à previdência, podem ser deduzidas. Se no ajuste anual apurar-se que houve retenção mensal maior que o imposto devido, então haverá direito à restituição. Nesse caso, as alíquotas são de 15% e 27,5%, conforme o montante da renda (progressividade).

Princípios específicos do IR

Princípio da generalidade – Todas as pessoas, independentemente de sexo, estado civil, raça, ocupação ou função exercida, estarão submetidas ao Imposto de Renda (art. 153, § 2.º, I, CF).

Princípio da universalidade – Todos os tipos de renda, independentemente de suas fontes, origens (do Brasil ou do exterior) ou natureza, devem estar submetidas ao imposto (art. 153, § 2.º, I, CF).*

Princípio da progressividade – As alíquotas devem ser tanto maiores quanto maior for a base de cálculo (renda) passível de tributação, isto é, quanto maior for a renda, maior deverá ser a alíquota aplicável, na forma da lei (art. 153, § 2.º, I, CF). Sua aplicação atende à capacidade contributiva. Sobre esse princípio, consultar o capítulo 3 (p. 31).

IMPOSTO SOBRE PRODUTOS INDUSTRIALIZADOS (IPI)

É outro imposto utilizado com funções extrafiscais, sendo, por isso, exceção ao princípio da legalidade (art. 153, § 1.º, CF). Submete-se à anterioridade nonagesimal (art. 150, III, "c", CF), mesmo quanto às alterações de alíquota realizadas por decreto.

Foi instituído pela Lei 4.502/64, e seu regulamento atual foi editado pelo Decreto 4.544/02 (RIPI).

Aspectos do fato gerador a destacar

Aspecto material – Apresenta dois fatos geradores: dar saída a produtos industrializados e importar ou realizar o desembaraço aduaneiro (procedimentos para liberação da mercadoria importada na alfândega, ou seja, na repartição que controla o comércio exterior; o mesmo que repartição aduaneira) de produtos industrializados.

Produto industrializado é qualquer bem produzido pela natureza ou pelo homem que tenha sido submetido a operação que lhe modifique a natureza, o funcionamento, o acabamento, a apresentação ou a finalidade ou o aperfeiçoe para consumo (art. 46, parágrafo único, CTN).

---

* Alguns doutrinadores divergem quanto aos princípios da generalidade e da universalidade, chegando mesmo a inverter seus conceitos. Aqui se adota a posição majoritária da doutrina.

Impostos em Espécie **107**

Aspecto quantitativo – No IPI ocorre o que se denomina incidência "por fora", ou seja, a base de cálculo não inclui o próprio valor do imposto a ser pago, diferentemente do que ocorre com o ICMS.

A alíquota é definida pela TIPI (Tabela do IPI) que separa os produtos segundo a classificação fiscal da Nomenclatura Comum do Mercosul (NCM). O Poder Executivo pode alterar a alíquota em até 30 pontos percentuais acima do percentual fixado em lei (art. 4º, DL 1.199/71). Havendo o aumento da alíquota por meio de norma infralegal, esta poderá entrar em vigor 90 dias após a sua publicação (anterioridade nonagesimal).

Princípios específicos do IPI

Princípio da seletividade – O imposto será seletivo em função da essencialidade do produto (art. 153, § 3.º, I, CF). Por exemplo: remédios e produtos da cesta básica devem ter alíquota menor do que outros produtos menos essenciais, tais como cigarros e bebidas alcoólicas.

Princípio da não cumulatividade – O imposto será não cumulativo, compensando-se o que for devido em cada operação com o montante cobrado nas anteriores (art. 153, § 3.º, II, CF). As operações de aquisição de bens sujeitos ao IPI geram créditos ao contribuinte; os produtos industrializados a que o contribuinte der saída geram débitos de IPI.

Ou seja, há a compensação entre os débitos do IPI decorrentes da industrialização de produtos ou importação de produtos industrializados, com créditos de IPI pagos nas operações anteriores de aquisição de bens sujeitos ao IPI.

No IPI utiliza-se a sistemática do crédito físico enquanto para o ICMS a do crédito financeiro.

Pela sistemática do crédito físico, a indústria só pode tomar como crédito o imposto pago sobre matéria-prima e insumos que entraram em contato com o produto durante a fabricação. Por esse sistema, a graxa não dá crédito de IPI, mas a lixa sim.

Por seu turno, a sistemática do crédito financeiro permite que os insumos adquiridos e necessários para a produção ou comercialização originem crédito do imposto, mesmo que não incorporados ao produto. O ICMS admite o creditamento da graxa e da energia elétrica, por exemplo.

Existindo uma isenção no meio da cadeia produtiva, a CF estabeleceu que, para o ICMS, o crédito desaparece, constituindo-se uma exceção à não cumulatividade (art. 155, § 2º, inciso II, CF), salvo determinação da lei em contrário.

Ocorre que para o IPI nada foi dito pelo constituinte. A posição do STF, até o momento, é de conceder o crédito, mesmo havendo insumo isento (RE 212.484/RS), ou com alíquota zero (RE 350.446/PR) no meio da cadeia produtiva, entendendo que esta seria a melhor maneira de concretizar a não cumulatividade no IPI.

Imunidade específica do IPI

Produtos industrializados destinados ao exterior são imunes ao IPI (art. 152, § 3.º, III, CF).

IMPOSTO SOBRE OPERAÇÕES FINANCEIRAS (IOF)

Como imposto com finalidades extrafiscais, suas alíquotas podem ser alteradas por decreto (art. 153, § 1.º, CF) e é exceção ao princípio da anterioridade (art. 150, § 1.º, CF).

O Decreto 4.494/02 é seu regulamento (RIOF).

Aspectos do fato gerador a destacar

Aspecto material – O imposto incide sobre "operações", isto é, negócios jurídicos que tenham esses bens como objeto.

É mais conhecido pela sigla IOF, mas apresenta quatro fatos geradores: realizar operação de crédito (IOCrédito); operação de câmbio (IOCâmbio); operação de seguro (IOSeguro); e operação de títulos ou valores mobiliários, que são todos os investimentos com intuito de lucro ofertados ao público (IOTVM).

O ouro, quando definido em lei como ativo financeiro ou instrumento cambial, sujeita-se exclusivamente à incidência do IOF, devido na operação de origem; a alíquota máxima será de 1% (arts. 153, § 5.º, e 155, § 2.º, X, "c", CF).

IMPOSTO SOBRE A PROPRIEDADE TERRITORIAL RURAL (ITR)

Instituído pela Lei 9.396/96, tem como regulamento o Decreto 4.382/02 (RITR).

Aspectos do fato gerador a destacar

Aspecto material – A CF dá competência para a União instituir o Imposto sobre a Propriedade Territorial Rural, sendo rural a propriedade localizada fora da área urbana. (Os critérios que definem se uma área é urbana encontram-se no tópico "Imposto sobre a Propriedade Predial e Territorial Urbana", na página 116).

O artigo 29 do CTN e a Lei 9.396/96 incluíram no fato gerador do ITR o domínio útil ou a posse de imóvel rural, o que pode ser considerado inconstitucional em uma interpretação que leve em conta o artigo 110 do CTN, ou seja, levando em conta que a lei tributária não pode alterar os conceitos do direito privado (Paulsen, *op. cit.*, p. 719).

Aspecto subjetivo – Em regra, o sujeito ativo é a União, mas pode haver delegação da capacidade tributária ativa. O artigo 153, § 4.º, III, da CF trata da parafiscalidade do ITR, determinando que o imposto será fiscalizado e cobrado pelos Municípios que assim optarem, na forma da lei, desde que não implique redução do imposto ou qualquer outra forma de renúncia fiscal.

A Lei 11.250/05 determina que a União, por intermédio da Secretaria da Receita Federal, poderá celebrar convênios com o Distrito Federal e os Municípios que assim optarem, visando a delegar as atribuições de fiscalização, inclusive a de lançamento dos créditos tributários, e de cobrança do ITR. A legislação do ITR permanecerá a mesma e poderá ser alterada somente pela União. A lei determina, ainda, que as condições dos convênios sejam estabelecidas por ato da Secretaria da Receita Federal do Brasil.

Vale a pena destacar que as funções de cobrança e de fiscalização foram delegadas, mas foi mantida a competência supletiva da União.

Princípios específicos do ITR

Princípio da progressividade – Para esse imposto, são aplicáveis a progressividade fiscal, ou pelo valor, e a progressividade extrafiscal, ou pela finalidade. A progressividade fiscal (art. 153, § 4.º, I, CF) é a mesma aplicada ao IR, ou seja, quanto maior a base de cálculo, maior será a alíquota. Com a progressividade extrafiscal, a alíquota do ITR será tanto maior quanto mais improdutiva for a propriedade, ou seja, o ITR terá suas alíquotas fixadas de forma a desestimular a manutenção de propriedades improdutivas.

A simples variação de alíquotas pelo tamanho da propriedade não encontra amparo constitucional, pois tal variável não é critério que determina a obediência ou não à função social da propriedade, sendo esta, segundo o artigo 5.º, XXIII, da CF, o fundamento da progressividade extrafiscal.

Imunidade específica do ITR – O ITR não incide sobre pequenas glebas rurais, definidas em lei, quando as explore o proprietário que não possua outro imóvel (art. 153, § 4.º, II, CF).

IMPOSTO SOBRE GRANDES FORTUNAS (IGF)

Aspectos do fato gerador a destacar

Aspecto material – Ainda não foi instituído pela União. Será a **lei complementar** instituidora desse imposto que definirá o que são "grandes fortunas", para fins de incidência, bem como a modalidade de lançamento. Não poderá atingir somente uma ou outra espécie de patrimônio (ex.: imóveis), sob pena de invadir competência tributária de outro ente federativo. Deverá incidir sobre um variado conjunto de bens e direitos.

IMPOSTOS EXTRAORDINÁRIOS

A União poderá criar impostos extraordinários, em caso de guerra externa ou sua iminência, compreendidos ou não em sua competência tributária, os quais serão suprimidos cessadas as causas de sua criação (art. 154, II, CF). Portanto, na criação de tais impostos poderá ocorrer invasão de competência tributária de outros entes federativos, conforme alertado no capítulo 3. Para sua criação, é exigida lei ordinária e constituem exceção ao princípio da anterioridade.

COMPETÊNCIA RESIDUAL DA UNIÃO PARA IMPOSTOS (COMPETÊNCIA ORDINÁRIA RESIDUAL)

O artigo 154, I, da CF estabelece que a União pode instituir, mediante lei complementar, impostos não previstos no artigo 153, desde que sejam não cumulativos e não tenham fato gerador e base de cálculo próprios dos impostos discriminados no texto constitucional. Além disso, do resultado da arrecadação de tais impostos, 20% deve ser repartido com os Estados e o Distrito Federal (art. 157, II, CF).

IMPOSTOS DOS ESTADOS E DO DISTRITO FEDERAL – *Art. 155, CF*

Aos Estados e ao Distrito Federal compete a instituição dos impostos sobre (art. 155, CF):
I – a transmissão *causa mortis* e doações de quaisquer bens ou direitos;
II – operações relativas à circulação de mercadorias e sobre prestações de serviços de transporte interestadual e intermunicipal e de comunicação;
III – a propriedade de veículos automotores.

IMPOSTO DE TRANSMISSÃO *CAUSA MORTIS* E DOAÇÕES (ITCMD)

Os artigos 35 a 42 do CTN cuidam apenas do imposto sobre transmissão *causa mortis* de bens imóveis e direitos reais. Quanto ao fato gerador transmissão *causa mortis* de quaisquer bens e direitos, não existe lei complementar que o defina, podendo os Estados e o Distrito Federal exercer a competência suplementar a que se refere o artigo 24, § 2.º, da CF.

A doutrina defende que o lançamento desse imposto é, em princípio, por declaração (Machado, Hugo de Brito, *op. cit.*, p. 352), mas, no Estado de São Paulo, não é esse o caso. A Lei Estadual 10.705/00 não determina que o contribuinte forneça informações e aguarde a notificação da autoridade fiscal para efetuar o recolhimento do imposto, o que seria necessário para ser um lançamento por declaração. Os artigos 17 e 18 da referida lei estabelecem que o recolhimento é feito pelo sujeito passivo antes de qualquer participação da autoridade fiscal, o que caracteriza o lançamento por homologação.

Aspectos do fato gerador a destacar

Aspectos material e temporal – Os fatos geradores são a morte do *de cujus* (Súmula 112, STF), e não o registro da transmissão do bem, e a exteriorização da vontade de doar.

Aspecto quantitativo – O ITCMD terá suas alíquotas máximas fixadas pelo Senado Federal (art. 155, § 1.º, IV, CF). A Resolução 09/92 determinou a alíquota máxima de 8%. Não há previsão constitucional expressa para progressividade desse imposto, o que, para alguns autores, tornaria a adoção dessa sistemática inconstitucional, conforme consta da citada resolução.

Aspecto espacial – Relativamente a bens imóveis e respectivos direitos, o imposto compete ao Estado da situação do bem, ou ao Distrito Federal (art. 155, § 1.º, I, CF); a bens móveis, títulos e créditos, ao Estado onde se processar o inventário ou arrolamento ou tiver domicílio o doador, ou ao Distrito Federal (art. 155, § 1.º, II, CF).

Terá a competência para sua instituição regulada por lei complementar se o doador tiver domicílio ou residência no exterior ou se o *de cujus* possuía bens, era residente ou domiciliado ou teve seu inventário processado no exterior (art. 155, § 1.º, III, CF).

IMPOSTO SOBRE CIRCULAÇÃO DE MERCADORIAS E SERVIÇOS (ICMS)

O ICMS é o tributo mais arrecadado no país, sendo utilizado na chamada "guerra fiscal" entre Estados e Distrito Federal. A concessão de isenções unilaterais contrariando a CF, a redução de alíquotas, a devolução do imposto e outras medidas similares para atrair investimentos caracterizam a guerra fiscal. No entanto, tal comportamento contraria o que determina a CF, pois, de acordo com o artigo 153, § 2.º, XII, "g", as isenções, os incentivos e os benefícios fiscais em geral só podem ser concedidos mediante convênio dos Estados e do Distrito Federal na forma estabelecida por lei complementar. Atualmente, é a LC 24/75 que regula tal dispositivo, determinando que isenções e outros benefícios devem ser aprovados por decisão unânime dos Estados e do Distrito Federal representados na reunião que apreciar o assunto. Além de isenção, devem ser objeto de convênio: redução de base de cálculo; devolução de tributo, direta ou indireta; concessão de créditos presumidos; e condições gerais para que sejam concedidos, unilateralmente, anistia, remissão, transação, moratória, parcelamento de débitos fiscais e ampliação do prazo de recolhimento do imposto (arts. 1.º e 10, LC 24/75).

Aspectos do fato gerador a destacar

Aspecto material – Pode-se considerar que seis situações compõem o aspecto material do fato gerador desse imposto:
- operações de circulação de mercadorias;
- prestação de serviços de transporte intermunicipal e interestadual;
- prestação de serviços de comunicação;
- produção, importação, circulação, distribuição ou consumo de lubrificantes e combustíveis líquidos e gasosos e de energia elétrica;
- extração, circulação, distribuição ou consumo de minerais;
- entrada de bem ou mercadoria importados do exterior.

Com relação a tais situações, cabem comentários em alguns casos.

Quanto à incidência sobre as operações de circulação de mercadorias (obrigações de dar), deve-se levar em conta que:

a) operação é toda e qualquer atividade, regulada pelo Direito, para realizar a circulação de mercadorias;
b) circulação é a mudança de titularidade de um bem;
c) mercadorias são as coisas móveis destinadas ao comércio. Não são consideradas mercadorias os bens de consumo, os bens adquiridos para integrar o ativo fixo do estabelecimento e os bens em estoque que forem furtados. É conceito mais restrito o de produto, que é qualquer bem produzido pela natureza ou pelo homem.

Com relação à prestação de serviços (obrigação de fazer) de transporte interestadual e intermunicipal, recomenda-se observar a noção de prestação de serviço apresentada no tópico "Imposto sobre Serviços", na página 118.

Na incidência sobre prestação de serviços de comunicação, de caráter oneroso, além da mesma recomendação anterior quanto à noção de prestação de serviço, é preciso verificar se a atividade enquadra-se como de comunicação. A comunicação exige a existência de um emissor, uma mensagem e um receptor, o que leva à conclusão de que a prestação de serviços de comunicação necessita, além desses elementos, da presença de um terceiro responsável pela transmissão da mensagem mediante o pagamento de um valor para tanto.

Na entrada de bem ou mercadoria importados do exterior patrocinada tanto por pessoa física como jurídica para qualquer finalidade, ainda que não seja contribuinte habitual do imposto, haverá incidência do ICMS (art. 155, § 2.º, IX, "a", CF).

Aspecto quantitativo – O Senado Federal, por meio de resolução, tem competência para estabelecer:
- as alíquotas aplicáveis às operações e prestações, interestaduais e de exportação;
- as alíquotas mínimas nas operações internas e as alíquotas máximas nessas operações para resolver conflito específico que envolva interesse de Estados.

As alíquotas interestaduais são inferiores às alíquotas internas de cada Estado, de modo que, no fim, ao Estado de destino ainda caberá uma parcela do ICMS na operação.

As alíquotas do ICMS-combustíveis serão definidas por convênio celebrado entre Estados e Distrito Federal, podendo ser do tipo alíquota específica (um valor por unidade de medida – ex.: R$ 1,00 por litro) ou *ad valorem* (um percentual sobre a base de cálculo) e/ou alíquota diferenciada por produto, mas de forma uniforme no país. Depois de definida em convênio dos Estados e do Distrito Federal, a alíquota do ICMS-combustíveis poderá ser reduzida ou restabelecida unilateralmente pelo Estado interessado (art. 155, § 4.º, IV, "c", CF). Nesses casos, não será aplicável a regra geral da anterioridade, mas somente a regra nonagesimal (art. 150, III, "c", CF).

Se a mercadoria for também produto industrializado, o IPI não será considerado na base de cálculo do ICMS.

Deve ser destacado do aspecto quantitativo do ICMS o fenômeno da incidência "por dentro".

Incidência "por dentro" – Um tributo que tem incidência "por dentro" é aquele em que o próprio valor deve estar "por dentro" da base de cálculo.

Nesse caso, a alíquota aplicada sobre o valor total da operação é chamada alíquota nominal (AN) – a alíquota está nominada, relacionada na lei do tributo.

A alíquota aplicada sobre o custo total do serviço, produto ou mercadoria é denominada alíquota efetiva (AE) – a alíquota efetivamente é aplicada sobre o valor do custo total do serviço, produto ou mercadoria.

A fórmula que relaciona AN com AE é a seguinte:

$$AE = AN / (1 - AN)$$

Exemplo

Determinado serviço de telecomunicação custa R$ 100,00 para ser realizado, já considerada a margem de lucro. A empresa deseja ter um lucro de R$ 20,00. O ICMS é de 25% sobre o valor total da operação. Que valor ela deve cobrar do cliente pelo serviço?

Custo total = R$ 100,00
ICMS = ?

1.ª hipótese
Custo total = R$ 100,00
ICMS = R$ 25,00
Valor cobrado do cliente = R$ 125,00
25% x 125 = R$ 31,25

Conclusão: a empresa pagará ao Fisco R$ 31,25, mas só considerará no preço R$ 25,00. Não alcançará sua meta de lucro.

2.ª hipótese
Custo total = R$ 100,00
ICMS = R$ 30,00
Valor cobrado do cliente = R$ 130,00
25% x 130 = R$ 32,50

Conclusão: a empresa pagará ao Fisco R$ 32,50, mas só considerará no preço R$ 30,00. Não alcançará sua meta de lucro.

3.ª hipótese
Custo total = R$ 100,00
ICMS = R$ 35,00
Valor cobrado do cliente = R$ 135,00
25% x 135 = R$ 33,75

Conclusão: a empresa pagará ao Fisco R$ 33,75, mas considerará no preço R$ 35,00. Poderá diminuir o valor cobrado do cliente para aumentar sua competitividade. Utilizando a fórmula abaixo, é possível saber a alíquota efetiva a ser aplicada no custo total:

AE = AN / (1 – AN)
AE = 25% / (1 – 25%)
AE = 0,25 / (1 – 0,25)
AE = 0,25 / 0,75
AE = 0,333
AE = 33,3%

4.ª hipótese
Custo total = R$ 100,00
ICMS = R$ 33,33
Valor cobrado do cliente = R$ 133,33
25% x 133,33 = R$ 33,33

Conclusão: a empresa pagará ao Fisco R$ 33,33 e considerará no preço exatamente R$ 33,33.

Aspecto espacial – Em geral, o imposto cobrado das operações de circulação de mercadorias é repartido entre Estado de origem e Estado de consumo.

No caso de derivados do petróleo, foi criada uma exceção à regra da repartição entre origem e destino: o ICMS-combustíveis caberá somente ao Estado de consumo.

No caso de importação, caberá o imposto ao Estado onde estiver situado o domicílio ou o estabelecimento do destinatário da mercadoria, bem ou serviço.

Princípios específicos do ICMS

Princípio da não cumulatividade – O imposto será não cumulativo, compensando-se o que for devido em cada operação relativa à circulação de mercadorias ou prestação de serviços com o montante cobrado nas anteriores. Quando há isenção ou não incidência no meio da cadeia produtiva, os créditos das operações anteriores são cancelados.

Princípio da seletividade – O imposto poderá ser seletivo em função da essencialidade das mercadorias ou produtos. Enquanto no ICMS a seletividade é facultativa, no IPI a aplicação desse princípio é obrigatória.

Imunidades específicas

São imunes ao ICMS (art. 155, § 2.º, X, CF):
a) operações que destinem mercadorias e serviços para o exterior, assegurada a manutenção e o aproveitamento do montante do imposto cobrado nas operações e prestações anteriores;
b) operações que destinem a outro Estado petróleo, inclusive lubrificantes, combustíveis líquidos e gasosos dele derivados, e energia elétrica;
c) o ouro, nas hipóteses definidas no artigo 153, § 5.º, da CF;
d) as prestações de serviços de comunicação nas modalidades de radiodifusão sonora e de sons e imagens de recepção livre e gratuita.

A imunidade referente às operações interestaduais com combustíveis e lubrificantes (parte do item *b*) deixará de existir depois da edição de lei complementar que crie incidência monofásica (incidência uma única vez na cadeia produtiva) para tais operações. Tratar-se-ia do chamado de ICMS-combustíveis, embora se refira à incidência do imposto em operações interestaduais com combustíveis e lubrificantes.

O constituinte dedicou todo um extenso parágrafo para o ICMS-combustíveis (art. 155, § 4.º, CF), provavelmente por sua capacidade arrecadatória potencial.

IMPOSTO SOBRE A PROPRIEDADE DE VEÍCULOS AUTOMOTORES (IPVA)

Aspectos do fato gerador a destacar

Aspecto material – A lei complementar tratando do fato gerador, base de cálculo e contribuintes do IPVA ainda não foi editada. Como os Estados possuem competência suplementar para estabelecer normas gerais (art. 24, § 2.º, CF), eles exercem, nesse aspecto, competência plena.

O STF entendeu que aeronaves e embarcações não são veículos automotores (RE 255.111/SP).

Tal como no ITR, alguns doutrinadores afirmam que somente o proprietário pode ser contribuinte do IPVA, o possuidor não, uma vez que a CF só teria atribuído competência para o ente federativo capturar como fato gerador a propriedade e não a posse (Paulsen, Leandro, *op. cit.*, p. 376).

Aspecto quantitativo – O IPVA terá alíquotas mínimas fixadas pelo Senado Federal e poderá ter alíquotas diferenciadas em função do tipo e utilização (art. 155, § 6.º, CF). Em regra, tem alíquota fixa (proporcionalidade).

Os Estados e o Distrito Federal, no âmbito das respectivas competências, fixarão o valor do imposto com a aplicação da alíquota sobre a base de cálculo, que é o valor do veículo.

Aspecto temporal – A lei ou o decreto que fixa a base de cálculo do IPVA não se submete à regra de anterioridade do artigo 150, III, "c", da CF (90 dias), mas somente à do artigo 150, III, "b", da CF (exercício seguinte). O decreto ou outro instrumento infralegal poderá fixar tal base de cálculo se proceder à simples correção dos valores pela aplicação de índice oficial de correção monetária (art. 97, § 2.º, CTN).

Considera-se ocorrido o fato gerador no primeiro dia do ano.

IMPOSTOS DOS MUNICÍPIOS E DO DF – *Art. 156, CF*

É da competência dos Municípios e do Distrito Federal instituir impostos sobre (art. 156, CF):
I – a propriedade predial e territorial urbana;
II – a transmissão *inter vivos* de bens imóveis;
III – serviços de qualquer natureza.

IMPOSTO SOBRE A PROPRIEDADE PREDIAL E TERRITORIAL URBANA (IPTU)

Aspectos do fato gerador a destacar

Aspecto material – O IPTU incide sobre imóveis localizados na zona urbana. O CTN dispõe, no § 1.º do artigo 32, que, para efeitos do IPTU, entende-se como zona urbana aquela definida em lei municipal, observado o requisito mínimo da existência de pelo menos dois dos seguintes melhoramentos construídos e mantidos pelo Poder Público:
- meio-fio ou calçamento, com canalização de águas pluviais;
- abastecimento de água;
- sistema de esgotos sanitários;
- rede de iluminação pública, com ou sem posteamento para distribuição domiciliar;
- escola primária ou posto de saúde a uma distância máxima de 3 quilômetros do imóvel.

O § 2.º do artigo 32 do CTN determina que a lei municipal pode considerar urbanas as áreas urbanizáveis, ou de expansão urbana, constantes de loteamentos destinados à habitação, à indústria ou ao comércio, mesmo que localizados fora das zonas definidas nos termos do parágrafo anterior. Assim, os sítios de recreação, ainda que localizados fora do perímetro urbano, são tributados pelo IPTU, se houver lei nesse sentido.

O artigo 32 do CTN é um exemplo de norma que dispõe sobre conflito de competência (art. 146, I, CF), conceituando zona urbana de modo a afastar qualquer possível conflito da competência do Município (IPTU) com a da União (ITR).

Aspecto quantitativo – O IPTU poderá ser progressivo, nos termos de lei municipal, de forma a assegurar o cumprimento da função social da propriedade prevista no plano diretor ou estatuto da cidade (art. 156, § 1.º, CF, combinado com art. 182) – progressividade extrafiscal –, assim como ter alíquotas diferentes em razão da localização e do uso do imóvel (art. 156, § 1.º, II, CF).

A progressividade também poderá ser fiscal, conforme o inciso I, § 1.º, do artigo 156 da CF, visto que as alíquotas poderão variar de acordo com o valor do imóvel. Antes da EC 29/00, o STF mantinha o entendimento de que a progressividade fiscal do IPTU não poderia prevalecer, uma vez que este é caracterizado como imposto real e não pessoal.

Aspecto temporal – A lei ou o decreto que fixa a base de cálculo do IPTU não se submete à regra de anterioridade do artigo 150, III, "c", da CF (90 dias), mas somente à do artigo 150, III, "b", da CF (exercício seguinte). O decreto ou outro instrumento infralegal poderá fixar tal base de cálculo se proceder à simples correção dos valores pela aplicação de índice oficial de correção monetária (art. 97, § 2.º, CTN).

Considera-se ocorrido o fato gerador no primeiro dia do ano.

IMPOSTO SOBRE A TRANSMISSÃO DE BENS IMÓVEIS (ITBI)

Aspectos do fato gerador a destacar

Aspecto material – Seu fato gerador é a transmissão *inter vivos*, a qualquer título, por ato oneroso, de bens imóveis, por natureza ou acessão física, e de direitos reais sobre imóveis, exceto os de garantia, bem como cessão de direitos a sua aquisição. Sobre isso cabe esclarecer:
- bem imóvel por natureza (art. 43, I, CC): o solo com sua superfície, seus acessórios e adjacências naturais, compreendendo as árvores e frutos pendentes, o espaço aéreo e o subsolo;
- bem imóvel por acessão física (art. 43, II, CC): tudo quanto o homem incorporar permanentemente ao solo, como a semente lançada à terra, os edifícios e construções, de modo que se não possa retirar sem destruição, modificação, fratura ou dano;

- direitos reais sobre os imóveis (arts. 695, 713, 742, 746 e 749, CC): servidões prediais, usufruto, uso, habitação e rendas constituídas sobre imóveis.

Esse imposto não incide sobre os direitos reais de garantia (anticrese e hipoteca).

Os artigos 35 a 42 do CTN aplicam-se, no que couber, tanto ao ITCMD quanto ao ITBI, pois o imposto que estava regulado originariamente em tais artigos teve a competência dividida entre entes federativos estaduais e municipais pela CF.

Aspecto quantitativo – Não há previsão na CF para a progressividade do ITBI, motivo pelo qual o STF afastou tal sistemática em relação a esse imposto (RE 220.440/SP).

Aspecto espacial – A instituição e a arrecadação do imposto são da competência do Município da situação do bem.

Imunidade específica

São imunes ao ITBI (art. 156, § 2.º, I, CF):
a) a transmissão de bens ou direitos incorporados ao patrimônio da pessoa jurídica em realização de capital;
b) a transmissão de bens ou direitos decorrentes de fusão, incorporação, cisão ou extinção de pessoa jurídica, salvo se, nesses casos, a atividade preponderante do adquirente for a compra e venda desses bens ou direitos, locação de bens imóveis ou arrendamento mercantil.

IMPOSTO SOBRE SERVIÇOS (ISS)

Cabe a lei complementar (art. 156, § 3.º, CF):
a) fixar suas alíquotas mínima e máxima;
b) excluir da incidência do ISS as exportações de serviços para o exterior;
c) regular a forma e condições como isenções, incentivos e benefícios fiscais serão concedidos e revogados.

A necessidade de lei complementar para tais matérias justifica-se pela constatação de que ocorria uma guerra fiscal entre Municípios vizinhos, principalmente nas regiões metropolitanas, por meio da redução das alíquotas do imposto ou concessão de benefícios fiscais com o objetivo de atrair empresas para seu território e ampliar a arrecadação.

Aspectos do fato gerador a destacar

Aspecto material – O artigo 156, III, da CF estabelece que esse imposto incide sobre serviços de qualquer natureza não incluídos no ICMS, conforme definição de lei complementar. O núcleo do aspecto material é a prestação de serviço.

Prestação de serviço é uma obrigação de fazer implementada pelo esforço humano para criação de uma utilidade material ou imaterial ao tomador. É fundamental, portanto, a presença de três elementos: obrigação de fazer, esforço humano e criação de utilidade material ou imaterial para o tomador.

Duas condições devem ser observadas, conjuntamente, quanto ao fato gerador desse imposto:
1. enquadrar-se na definição de prestação de serviço;
2. constar na lista de serviços da LC 116/03.

Atente-se que na lista de serviços da LC 116/03, segundo aponta a doutrina, constam como possíveis fatos geradores do ISS algumas operações que não podem ser consideradas prestação de serviço conforme definição acima.

De acordo com artigo 1.º, § 1.º, da LC 116/03, o imposto pode incidir também sobre serviços provenientes do exterior do país ou cuja prestação se tenha aí iniciado. Nesses casos, o serviço deve atender a três condições:
1. estar dentro do conceito de prestação de serviço;
2. constar na lista de serviços da LC 116/03;
3. ser proveniente do ou ter iniciado no exterior.

É preciso que a respectiva lei municipal inclua tal situação entre os fatos geradores do imposto, não bastando a existência de previsão na lei complementar.

Aspecto quantitativo – A base de cálculo do imposto é, em geral, o preço do serviço, não devendo ser nela incluídas despesas incorridas para a prestação do serviço (RESP 411.580/DF, STJ).

No caso de sociedades profissionais e de profissionais autônomos, subsiste o regime anterior de tributação (art. 9.º, DL 406/68), considerando uma alíquota específica por profissional e não uma alíquota *ad valorem* a ser aplicada sobre o preço dos serviços.

A CF determinou que a lei complementar determine as alíquotas mínima e máxima do ISS. A alíquota máxima foi estabelecida pelo artigo 8.º da LC 116/03 em 5%; a mínima não foi tratada por tal lei complementar, prevalecendo a prevista no artigo 88 do Ato das Disposições Constitucionais Transitórias da CF. 2%.

Aspecto espacial – Competente para cobrar o ISS é o Município onde ocorrer a prestação de serviço. Nos termos do artigo 3.º da LC 116/03, considera-se o serviço prestado e o imposto devido no local do estabelecimento prestador ou, na falta do estabelecimento, no local do domicílio do prestador, exceto nas hipóteses previstas no mesmo artigo, quando o imposto será devido no local:
- do estabelecimento do tomador ou intermediário do serviço ou, na falta de estabelecimento, onde ele estiver domiciliado, no caso do ISS sobre serviços provenientes do exterior;

- da instalação dos andaimes, palcos, coberturas e outras estruturas, no caso dos serviços de aluguel de estruturas;
- da execução da obra, no caso dos serviços de empreitada, subempreitada e fiscalização de obras;
- da demolição;
- das edificações em geral, estradas, pontes, portos e congêneres, no caso dos serviços de reforma de estradas e construções;
- da execução da varrição, coleta, remoção, incineração, tratamento, reciclagem, separação e destinação final de lixo, rejeitos e outros resíduos quaisquer;
- da execução da limpeza, manutenção e conservação de vias e logradouros públicos, imóveis, chaminés, piscinas, parques, jardins e congêneres;
- da execução da decoração e jardinagem, do corte e poda de árvores;
- do controle e tratamento de efluentes de qualquer natureza e de agentes físicos, químicos e biológicos;
- do florestamento, reflorestamento, semeadura, adubação e congêneres;
- da execução dos serviços de escoramento, contenção de encostas e congêneres;
- da limpeza e dragagem de rios, portos, canais, baías, lagos, lagoas, represas, açudes e congêneres;
- onde o bem estiver guardado ou estacionado, no caso dos serviços de guarda e estacionamento de veículos terrestres automotores, aeronaves e embarcações;
- dos bens ou do domicílio das pessoas vigiados, segurados ou monitorados;
- do armazenamento, depósito, carga, descarga, arrumação e guarda do bem;
- da execução dos serviços de diversão, lazer, entretenimento e congêneres;
- do Município onde está sendo executado o transporte de natureza municipal;
- do estabelecimento do tomador da mão de obra ou, na falta de estabelecimento, onde ele estiver domiciliado, no caso dos serviços de fornecimento de mão de obra, inclusive temporária;
- da feira, exposição, congresso ou congênere a que se referir o planejamento, organização e administração;
- do porto, aeroporto, ferroporto, terminal rodoviário, ferroviário ou metroviário, no caso dos serviços de movimentação de passageiros e mercadorias, atracação, capatazia, armazenagem, logística, entre outros.

Em Resumo

IMPOSTOS EM ESPÉCIE

Impostos de competência da União
- **Imposto de Importação (II)**
  Norma que concede competência: art. 153, I, CF.
  – Lei complementar que define fato gerador, contribuinte e base de cálculo: arts. 19 a 22, CTN.
  Aspecto material: importar produtos estrangeiros.
- **Imposto de Exportação (IE)**
  Norma que concede competência: art. 153, II, CF.
  – Lei complementar que define fato gerador, contribuinte e base de cálculo: arts. 23 a 28, CTN.
  Aspecto material: exportar produtos nacionais ou nacionalizados.
- **Imposto sobre a Renda e Proventos de Qualquer Natureza (IR)**
  Norma que concede competência: art. 153, III, CF.
  – Lei complementar que define fato gerador, contribuinte e base de cálculo: arts. 43 a 45, CTN.
  Aspecto material: auferir renda e proventos de qualquer natureza.
- **Imposto sobre Produtos Industrializados (IPI)**
  Norma que concede competência: art. 153, IV, CF.
  – Lei complementar que define fato gerador, contribuinte e base de cálculo: arts. 46 a 51, CTN.
  – Aspecto material: dar saída a produtos industrializados e importar produtos industrializados (realizar o desembaraço aduaneiro).
- **Imposto sobre Operações de Financeiras (IOF)**
  Norma que concede competência: art. 153, V, CF.
  – Lei complementar que define fato gerador, contribuinte e base de cálculo: arts. 63 a 67, CTN.
  – Aspecto material: realizar operações de crédito, de câmbio e de seguro, ou relativas a títulos ou valores mobiliários.
- **Imposto sobre a Propriedade Territorial Rural (ITR)**
  Norma que concede competência: art. 153, VI, CF.
  – Lei complementar que define fato gerador, contribuinte e base de cálculo: arts. 29 a 31, CTN.
  – Aspecto material: ser proprietário ou deter o domínio útil ou a posse de imóvel rural.
- **Imposto sobre Grandes Fortunas (IGP)**
  Norma que concede competência: art. 153, VII, CF.

- Lei complementar que define fato gerador, contribuinte e base de cálculo: não há.
- Aspecto material: possuir grande fortuna (será mais bem definido pela respectiva lei complementar instituidora).
• **Impostos extraordinários**
- A União poderá criar impostos extraordinários, em caso de guerra externa ou sua iminência, compreendidos ou não em sua competência tributária, os quais serão suprimidos cessadas as causas de sua criação.
• **Impostos residuais**
- A União pode instituir, mediante lei complementar, impostos não previstos na CF, desde que sejam não cumulativos e não tenham fato gerador e base de cálculo próprios dos impostos nela discriminados.

Impostos de competência dos Estados e do Distrito Federal
• **Imposto de Transmissão *Causa Mortis* e Doações (ITCMD)**
Norma que concede competência: art. 155, I, CF.
- Lei complementar que define fato gerador, contribuinte e base de cálculo: arts. 35 a 42, CTN.
- Aspecto material: transmissão *causa mortis* de bens e direitos e realizar doações de quaisquer bens ou direitos.
• **Imposto sobre Circulação de Mercadorias e Serviços (ICMS)**
- Norma que concede competência: art. 155, II, CF.
- Lei complementar que define fato gerador, contribuinte e base de cálculo: LC 87/96.
- Aspecto material: realizar operação de circulação de mercadorias, prestação de serviços de transporte interestadual e intermunicipal e serviços de comunicação.
• **Imposto sobre a Propriedade de Veículos Automotores (IPVA)**
Norma que concede competência: art. 155, III, CF.
- Lei complementar que define fato gerador, contribuinte e base de cálculo: não há.
Aspecto material: ser proprietário de veículos automotores.

Impostos de competência dos Municípios e Distrito Federal
• **Imposto sobre a Propriedade Predial e Territorial Urbana (IPTU)**
Norma que concede competência: art. 156, I, CF.
- Lei complementar que define fato gerador, contribuinte e base de cálculo: arts. 32 a 34, CTN.
Aspecto material: ser proprietário de imóvel territorial urbano.

- **Imposto sobre a Transmissão de Bens Imóveis (ITBI)**
  Norma que concede competência: art. 156, II, CF.
  – Lei complementar que define fato gerador, contribuinte e base de cálculo: arts. 35 a 42, CTN.
  – Aspecto material: transmissão *inter vivos*, a qualquer título, por ato oneroso, de bens imóveis, por natureza ou acessão física, e de direitos reais sobre imóveis, exceto os de garantia, bem como cessão de direitos a sua aquisição.
- **Imposto sobre Serviços (ISS)**
  Norma que concede competência: art. 156, III, CF.
  – Lei complementar que define fato gerador, contribuinte e base de cálculo: LC 116/03.
  – Aspecto material: prestar serviços de qualquer natureza, não compreendidos no ICMS, definidos em lei complementar.

PRESTE ATENÇÃO

1. **Impostos regulatórios: exceção à anterioridade** – II, IE e IOF não obedecem a qualquer regra da anterioridade. IPI segue a regra nonagesimal.
2. **Lucro real e lucro presumido** – Entre eles deve existir uma opção para o contribuinte, sob pena de ofensa ao conceito de renda do CTN.
3. **Seletividade: IPI e ICMS** – A variação da alíquota de acordo com a essencialidade do produto é obrigatória para o IPI, mas facultativa para o ICMS.
4. **Ouro como ativo financeiro** – Sofre apenas a incidência do IOF.
5. **Parafiscalidade no ITR** – O ITR será fiscalizado e cobrado pelos Municípios que assim optarem, na forma da lei, desde que não implique redução do imposto ou qualquer outra forma de renúncia fiscal.
6. **Imunidade do ITR** – Pequenas glebas rurais, definidas em lei, quando exploradas pelo proprietário que não possua outro imóvel são imunes ao ITR. Cuidado: o texto anterior da CF falava em exploração pelo proprietário, "só ou com sua família"; atualmente, foi retirada do texto constitucional a expressão "só ou com sua família".
7. **TV aberta: imune ao ICMS** – São imunes ao ICMS as prestações de serviço de comunicação nas modalidades de radiodifusão sonora e de sons e imagens de recepção livre e gratuita. Canais a cabo pagam o ICMS.

8. **Conflito entre IPTU e ITR** – Para concluir se um imóvel está sujeito ao IPTU ou ao ITR, é preciso checar se a área é zona urbana ou não. Entende-se como zona urbana aquela definida em lei municipal, observado o requisito mínimo da existência de pelo menos dois dos seguintes melhoramentos construídos e mantidos pelo Poder Público: meio-fio ou calçamento, com canalização de águas pluviais; abastecimento de água; sistema de esgotos sanitários; rede de iluminação pública, com ou sem posteamento para distribuição domiciliar; escola primária ou posto de saúde à distância máxima de 3 quilômetros do imóvel.
9. **ITBI e progressividade** – Não há previsão na CF para a progressividade do ITBI, motivo pelo qual o STF afastou tal sistemática em relação a esse imposto.
10. **Imunidade do ITBI** – São imunes ao ITBI: a transmissão de bens ou direitos incorporados ao patrimônio da pessoa jurídica em realização de capital e a transmissão de bens ou direitos decorrentes de fusão, incorporação, cisão ou extinção de pessoa jurídica, salvo se, nesses casos, a atividade preponderante do adquirente for a compra e venda desses bens ou direitos, locação de bens imóveis ou arrendamento mercantil.
11. **ISS: aspecto espacial** – Em regra, o ISS é devido no Município onde se localiza o estabelecimento do prestador, mas a LC 116/03 enumera os serviços nos quais o ISS será devido no local da prestação do serviço.

ABREVIATURAS

ADI – Ação Direta de Inconstitucionalidade
ARAI – Agravo Regimental no Agravo de Instrumento
Camex – Câmara de Comércio Exterior
CC – Código Civil
CF – Constituição Federal
Cide – Contribuição de Intervenção no Domínio Econômico
Cosip – Contribuição para o Custeio do Serviço de Iluminação Pública
CP – Código Penal
CPC – Código de Processo Civil
CPMF – Contribuição Provisória sobre Movimentação Financeira
CPP – Código de Processo Penal
CTN – Código Tributário Nacional
EC – Emenda Constitucional
Gatt – General Agreement on Tariffs and Trade
 (em português: Acordo Geral sobre Tarifas e Comércio)
LC – Lei Complementar
LEF – Lei de Execução Fiscal
OMC – Organização Mundial do Comércio
RE – Recurso Extraordinário
RESP – Recurso Especial
STF – Supremo Tribunal Federal
STJ – Superior Tribunal de Justiça
TFR – Tribunal Federal de Recursos
TJ – Tribunal de Justiça
TRF – Tribunal Regional Federal

REFERÊNCIAS BIBLIOGRÁFICAS

ALMEIDA, Fernanda Dias de. *Competências na Constituição de 1988*. São Paulo: Atlas, 1991.
AMARO, Luciano. *Direito Tributário brasileiro*. 10. ed. São Paulo: Saraiva, 2004.
ATALIBA, Geraldo. *Hipótese de incidência tributária*. 6. ed. São Paulo: Malheiros, 2001.
ÁVILA, Humberto. *Sistema constitucional tributário*. São Paulo: Saraiva, 2004.
BALEEIRO, Aliomar. *Limitações constitucionais ao poder de tributar*. Edição revista e ampliada, à luz da Constituição de 1988 até a Emenda Constitucional 10/1996, por Misabel Abreu Machado Derzi. Rio de Janeiro: Forense, 1999.
CARRAZZA, Roque Antonio. *Curso de Direito Constitucional Tributário*. 16. ed. São Paulo: Malheiros, 2001.
CARVALHO, Paulo de Barros. *Curso de Direito Tributário*. 13. ed. São Paulo: Saraiva, 2000.
COELHO, Sacha Calmon Navarro. *Curso de Direito Tributário brasileiro*. 3. ed. Rio de Janeiro: Forense, 1999.
COSTA, Regina Helena. *Imunidades tributárias*. São Paulo: Malheiros, 2001.
_____. *Princípio da capacidade contributiva*. 3. ed. São Paulo: Malheiros, 2003.
DE SANTI, Eurico Marcos Diniz. *Decadência e prescrição no Direito Tributário* São Paulo: Max Limonad, 2000.
DI PIETRO, Maria Sylvia Zanella. *Direito Administrativo*. 17. ed. São Paulo: Atlas, 2004
FERNANDES, Marcos Antonio Oliveira. *Resumão jurídico: Direito Tributário*. São Paulo: Barros, Fischer & Associados, 2004.
FERRAZ JÚNIOR, Tércio Sampaio. Anterioridade e irretroatividade no campo tributário. *Revista Dialética de Direito Tributário*. São Paulo, n. 65, fev. 2001.
_____. *Introdução ao estudo do Direito*. 4. ed. São Paulo: Atlas, 2003.
FERREIRA FILHO, Manoel Gonçalves. *Curso de Direito Constitucional*. 30. ed. São Paulo: Saraiva, 2003.
GRAU, Eros Roberto. *A ordem econômica na Constituição de 1988*. 5. ed. São Paulo: Malheiros, 2000.

MACHADO, Hugo de Brito. *Curso de Direito Tributário*. 25. ed. São Paulo: Malheiros, 2004.

MELLO, Celso Antônio Bandeira de. *O conteúdo jurídico do princípio da igualdade*. 3. ed. São Paulo: Malheiros, 2001.

_____. *Curso de Direito Administrativo*. 18. ed. São Paulo: Malheiros, 2005.

MORAES, Alexandre de. *Direito Constitucional*. 17. ed. São Paulo: Atlas, 2005.

NOGUEIRA, Ruy Barbosa. *Curso de Direito Tributário*. 10. ed. São Paulo: Saraiva, 1990.

PAULSEN, Leandro. *Direito Tributário: Constituição e Código Tributário à luz da doutrina e da jurisprudência*. 6. ed. Porto Alegre: Livraria do Advogado, 2004.

REZEK, José Francisco. *Direito internacional público*. 8. ed. São Paulo: Saraiva, 2000.

SCHOUERI, Luís Eduardo. Fato gerador da obrigação tributária. In: Schoueri, Luís Eduardo (coord.). *Direito Tributário: homenagem a Alcides Jorge Costa*. v. I. São Paulo: Quartier Latin, 2003, p. 125-173.

SILVA, José Afonso da. *Curso de Direito Constitucional positivo*. 24. ed. São Paulo: Malheiros, 2005.

SOUZA, Hamilton Dias de. Contribuições especiais. In: Martins, Ives Gandra da Silva (coord.). *Curso de Direito Tributário*. São Paulo: Saraiva, 2000.